Soixante-dix ans
sur les planches

DENISE GREY

Soixante-dix ans sur les planches

FRANCE LOISIRS
123, boulevard de Grenelle, Paris

Édition du Club France Loisirs, Paris,
avec l'autorisation de la Librairie Plon.

ISBN 2-7242-4088-X

Avant-propos

Ouf ! une fin de tournage.

Je suis à la fois heureuse et désorientée. Quitter une équipe, des amis, avec lesquels on a travaillé pendant quelques semaines, c'est un peu comme une rupture.

Au cinéma, le dernier « tour de manivelle », comme on disait au temps du « cinéma de papa », c'est le dernier rideau au théâtre. Après on est libre. Heureux et malheureux à la fois.

Enfin, cette liberté a un parfum de vacances.

Je ne les souhaite pas trop longues. Ces quelques mois qui me sont offerts, je vais les consacrer à un voyage à l'envers au long des « 70 ans sur les planches » que j'ai vécus. Même un peu plus, mais à mon âge on n'est plus à six mois près.

Certes, je ne redoute pas la mort, mais je ne l'appelle pas. Elle viendra à son heure ; la plus tardive possible. Aussi, ce parcours à rebours je l'entreprends avec lucidité et, je vous l'assure, avec sincérité. A mon âge, coquetterie sauvegardée, foin des fards ! Je vais essayer de vous raconter à la fois la vie et la carrière d'une comédienne. J'ai connu les soucis de bien des femmes, leurs bonheurs et leurs tristesses. J'ai eu aussi la chance — et peut-être le talent, un don du ciel — de mener une vie riche de rencontres, de beaux textes, de connaître des hommes et des femmes exceptionnels, enfin des gens comme vous et moi qui m'ont aidée dans mon métier.

Alors que je croyais ma carrière terminée, un regain m'est venu des metteurs en scène, des directeurs de théâtres et des auteurs. Du public aussi. Je n'ai jamais tant travaillé que durant ces dix dernières années qui m'ont donné le bonheur de tourner enfin avec un comédien de quatre ans plus âgé que moi, le charmant Charles Vanel, notre doyen, comme je suis la doyenne des comédiennes.

Ce voyage dans mon passé n'est pas immobile. Au terminus, j'espère vous retrouver sur l'écran et, sait-on jamais, sur les planches !

Vive la retraite !

Je m'inclinerai si elle m'attrape à bras-le-corps, mais j'avoue que je n'ai jamais envisagé de prendre ma retraite. J'ai d'ailleurs ce mot en horreur. Mais en voyant approcher mes quatre-vingts ans, j'ai pensé, comme toute comédienne raisonnable l'eût fait à ma place, que mes activités devant nécessairement se réduire à court terme (les rôles de grand-mère ou d'arrière-grand-mère ne sont pas si fréquents), le moment était venu de réorganiser ma vie en fonction de cet avenir.

Je n'avais déjà plus d'appartement à moi à Paris. Non sans chagrin, j'ai mis en vente la grande propriété que je possédais à Arradon, en Bretagne, avec vue imprenable sur le golfe du Morbihan. Elle avait été le centre, depuis cinquante-trois ans, de tous mes bonheurs, de toutes mes joies, comme de toutes mes peines. Son entretien représentait, pour ma bourse, une charge de plus en plus lourde. Comment tenir financièrement, si le travail venait à manquer ?

J'ai toujours fait face. Et je souhaitais, surtout, ne pas encombrer.

J'avais dans l'idée, une fois cette maison vendue, de racheter dans la même région un domaine plus modeste, pour recréer un univers familial à la mesure de nos moyens, et d'acquérir pour moi à Paris, un studio.

Entre-temps, ne voulant pas déranger ma fille en occupant le sien, mais un peu fatiguée de résider à l'hôtel lorsque, pour mon travail, je devais habiter la capitale, je décidai de m'installer dans ce qu'on nomme avec tact une « résidence pour personnes âgées ».

Séduite par l'appellation recouvrant une formule qui me semblait convenir parfaitement à mon cas, je découvris une maison charmante, en bord de Seine, au cœur de Paris, à deux pas de chez ma fille. J'ai eu la chance qu'on veuille bien m'y accueillir.

J'ai pu ainsi prendre mes quartiers dans la chambre de mes rêves : vingt mètres carrés (plutôt seize : j'ai touché du doigt cette réalité d'un espace plus restreint quand mon enthousiasme a décru), coin-cuisine, et deux fenêtres pour les jours de soleil, face à l'hôtel de Sens, sans la moindre voiture susceptible de gâcher mon paysage !

J'avais dit à ma fille :

« Tu sais, si je suis bien, je resterai là.

— Tu es folle ! »

Suzanne n'y croyait pas.

J'ai profité un peu de ce nouveau confort. Je jouais, j'avais « mon coin ». J'espérais m'y cantonner, pouvoir en quelque sorte y attendre la fin sans le souci du quotidien.

Le destin me réservait une double surprise. J'étais prête à tout, c'est-à-dire à rien. Je n'avais pas prévu que le métier ne me lâcherait pas si facilement. Dieu sait que je n'ai jamais chômé, mais je crois que je n'ai jamais autant travaillé qu'une fois devenue octogénaire. *La Fessée, la Boum, les Temps difficiles, La vie est trop courte*, *Léocadia*, *Harold et Maude*... films et pièces se sont enchaînés, m'entraînant dans un rythme endiablé. Rien du radio-télé-tricot-dodo auquel je me préparais.

Et je n'ai, tout compte fait, vécu que six mois dans ma maison de retraite. Car un lieu de ce genre, si sympathique soit-il, présente à mes yeux un défaut majeur que j'avais écarté : on n'y trouve que des personnes âgées. Or il me semble que, pour rester jeune, il faut de temps en temps voir aussi des jeunes.

Ce n'est pas uniquement une question de moyens. J'ai rendu visite à l'une de mes amies, dotée d'une certaine fortune, qui habite pour sa part une résidence magnifique. Des salons splendides. Les chambres aussi, j'imagine. J'ai déjeuné avec elle sur place, au restaurant, digne des meilleurs palaces. Là encore les jeunes ne viennent qu'en visite.

Pour moi la vie, ce n'est pas ça. Il me faut des gens qui circulent, un chien, des enfants, le facteur qui monte, la boulangère... du mouvement, quoi. Rien ne me désole autant que l'uniformité. Un peu de carottes, de petits pois, de pommes de terre... Au légume unique, par goût personnel, j'ai toujours préféré les jardinières.

Je conçois fort bien, quand on n'a pas de famille, pas de ressources ou pas de santé, qu'on ait recours à ce type de solution. Mais si on peut l'éviter...

Sans fascination — est-ce pour la conjurer ? — je pense volontiers à ma propre mort. J'essaie de la préparer de manière à éviter à ma famille les soucis financiers qui pourraient en découler. J'ai prévu les frais de mon enterrement. Je m'efforce de payer mes impôts à l'avance.

Quand en 1972 certains journaux ont, par mégarde, annoncé mon décès, j'ai simplement fait savoir que j'étais encore là, et que j'attendais de pied ferme la station où il me faudrait descendre.

En 1978, j'ai fait don de mon corps à la science, espérant que ma vieille carcasse rendrait ainsi un dernier service. La Faculté de Médecine m'a attribué le n° 1660-78. Et puis j'ai réfléchi que cela peinerait ma fille, et j'ai jugé préférable de me récupérer.

Sans l'appeler pour autant, je ne crains pas la mort. En revanche, je ne voudrais pas souffrir. Mais on ne choisit pas. Je me souhaite souvent une crise cardiaque. Je n'aurai probablement pas cette chance. Si la machine commence à s'user, j'ai malgré tout le cœur solide.

Je me suis donc installée dans ma résidence avec le plus de discrétion possible. J'optai pour quelques aménagements : moquette, télévision... Tout proche, le BHV, un temps, est devenu mon fief.

La télévision diffusant de temps à autre mon portrait, on me reconnaissait. Je classai mes compagnes en deux catégories : celle des femmes aimables, encore coquettes, échangeant un mot avec moi ou un sourire, m'interrogeant gentiment sur ma profession et les autres que je choisis d'éviter m'arrangeant pour rester en compagnie des premières.

J'ai passé là le printemps 1978 assez allégrement, achevant une tournée en province. Puis l'été à Kermindoune, dans ma maison de Bretagne.

La situation s'est gâtée à l'automne. Du fait que je jouais une pièce, ma vie se compliquait. Je tardais parfois à trouver le soir un taxi pour revenir du théâtre, et je dérangeais, hélas, ma gardienne qui elle-même se levait très tôt. Je ne voulais pas non plus envahir ma fille.

Ma maison vendue sans que j'en aie trouvé une autre, ignorant où j'irais échouer, je me sentais déséquilibrée. Je n'avais plus de racines.

Tout cela me rappelle un livre que j'ai lu très jeune et dont personne ne doit se souvenir, mais qui m'avait marquée, *l'Oiseau sur la branche*, titre évocateur de Pierre de Coulevin. Cette histoire est restée gravée dans ma tête : celle d'une femme, allant d'hôtel en hôtel, et de pays en pays, traînant avec elle, dans sa valise, son petit univers : quelques photos, quelques objets. Rien qui puisse encombrer.

J'aurais bien moi-même opté pour ce mode de vie. Mais il est trop onéreux. Je refuse de dépenser inutilement le peu que j'ai à laisser aux miens.

Ma chambre, en outre, portait le numéro 413. Je ne veux pas céder à la superstition. Je lutte, j'ai toujours lutté contre cette appréhension, mais je n'aime pas le chiffre 13. J'ai vécu un drame, le 13 septembre 1919, en perdant le père de ma fille, Henri Bara, mort, comme Didier Pironi récemment, en pratiquant à Sartrouville des essais en hors-bord. Les années ont passé, je ne l'ai pas oublié. Ce souvenir ne me quitte jamais. Je tremble toujours à l'idée qu'un des miens puisse être aussi, un 13, touché par le destin.

Bref, cet environnement commençait à me ficher le cafard. Alors qu'il en faut beaucoup, lorsque je joue, pour me troubler. Préoccupée par mes soucis, j'ai même eu en scène, à l'époque, un trou de mémoire.

Dans *Crime à la clé*, je tenais le rôle d'une vieille dame curieuse, fouineuse, pas très sympathique à dire vrai. Je me livrais à une sorte d'enquête policière en torturant par mes questions la malheureuse Annie Sinigalia. Nous étions dans le salon d'un hôtel, et le metteur en scène m'avait dit : « Denise, surtout ne jouez pas trop vite. Cette femme est paumée. Il faut la prendre par surprise. Laissez des temps... »

Je ne suis pas très forte, sur ce plan. Chez moi, en

principe, ça se bouscule plutôt au portillon. Pendant les premières représentations, j'ai scrupuleusement observé ses indications. Et puis vers la dixième, peut-être, me croyant bien installée dans mon personnage, à force de laisser des temps, j'ai aussi laissé mon esprit s'évader. J'ai pensé à autre chose. Et quand je me suis dit : « C'est sans doute le moment de parler », j'avais oublié ma réplique...

Dieu merci, j'ai eu un trait de génie ! Sans m'obstiner, je me suis penchée vers Annie :

« Je crains qu'on nous espionne. Attendez-moi un instant. Je vais jeter un coup d'œil ! »

J'ai filé dans les coulisses où Perrette Pradier, qui connaissait mon texte, m'a soufflé le mot qui me permettait de repartir. Je suis revenue en déclarant :

« Il n'y a personne. Nous sommes tranquilles. »

Et j'ai enchaîné.

Perrette Pradier, une gentille camarade, pleine de talent.

Je l'ai, sans le vouloir, bien mal récompensée de son aide, quelques mois plus tard, lors de l'enregistrement de la pièce par Pierre Sabbagh pour l'émission « Au théâtre ce soir ».

Elle m'avait confié, avant d'entrer en scène : « Tu sais, ce qui est terrible, dans notre métier, c'est qu'à un moment on se croit célèbre. Sous les applaudissements, on a vite la grosse tête. Eh bien, figure-toi que j'ai déjeuné aujourd'hui dans un restaurant où je vais régulièrement. Et le maître d'hôtel que je connais depuis longtemps m'a dit : “ Bonjour, Madame Panier. ” Panier ! Tu imagines ! »

Nous jouons. Tout se passe bien. Au baisser de rideau, je m'avance pour citer la distribution. Les noms me viennent spontanément. Sauf celui de cette comédienne. L'esprit obsédé par « Panier », en désespoir de cause, je finis par me pencher vers

Annie Sinigalia pour lui demander : « Comment s'appelle-t-elle donc ? »

Enregistrée, ma question est restée. Elle est passée à la télévision. Sabbagh, amusé, ne l'a pas coupée. La chute était trop belle !

A propos de chutes, je conterai bien maintenant celles — physiquement plus douloureuses — que j'ai faites en scène et hors scène. Elles ont quelque peu marqué mes soixante et onze ans sur les planches. J'en totalise d'assez spectaculaires. L'une, entre autres, m'a valu de jouer *le Tube,* deux mois durant, avec un plâtre.

J'aime à fonctionner par association d'idées. Je saute volontiers du coq à l'âne. J'ai d'ailleurs connu deux succès autrefois grâce à cela, dans *Boléro* pendant la guerre, puis *George et Margaret.*

Mais comment monter une manche qu'on n'a pas tricotée et sans avoir bâti le corps de l'ouvrage ?

Il faut que je procède avec un peu de logique. Fantaisiste, certes, mais disciplinée.

Je vais donc revenir, pour en finir avec elle, à ma maison de retraite : je m'en suis lassée.

Disposant d'un peu d'aisance après la vente de mon manoir, j'ai pu trouver et acheter un studio, dans la même rue que celui de ma fille. Quelques mois plus tard, Suzanne découvrait enfin la nouvelle habitation qu'il nous fallait, sur l'Ile-aux-Moines. Une maison modeste, bétonnée, nécessitant quelques aménagements si je voulais y loger tout mon monde. « Une maison normale, pas une propriété », comme s'en étonnaient des touristes encore l'été dernier.

Mais deux mille mètres carrés pour planter des fleurs. Et en huit ans j'ai recouvert les murs de vigne vierge. De ma chambre de plain-pied avec la terrasse, j'ai vue sur le golfe. Par temps clair, j'aperçois l'ancien Kermindoune, racheté par une famille suisse. La tempête d'octobre dernier a fort opportunément déplanté un des quatre poteaux télégraphiques qui troublaient cette harmonie. Trois déparent encore désagréablement le site. J'attends impatiemment le prochain grain.

Avant de quitter mon ancien domaine, j'avais pris soin de le fleurir, pour le dernier été, d'une multitude de pétunias, de roses et de légions d'honneur. J'avais photographié tous les coins et recoins de la maison et du jardin. Ainsi armée, je m'apprêtais à vivre, de mes modestes rentes, au milieu de mes souvenirs.

Mon rêve eût été de vieillir dans une grande maison, avec toute ma tribu autour de moi. Je me serais volontiers identifiée à l'héroïne du très charmant film de Jean-Claude Brialy, Eglantine, incarnée à l'écran par Valentine Teissier interprétant à la perfection le rôle de l'aïeule que j'aurais souhaité être. Mais on ne conduit pas toujours sa vie comme on le voudrait. Le modèle qui m'inspirait ne se fait plus. Il date sans doute d'une autre époque.

Craignant en revanche de devenir dépendante d'autrui pour mes déplacements, j'aurai bien continué à conduire. Ma fille m'en a dissuadée.

Ai-je vraiment souffert de voir mon univers se réduire ainsi ? Pour éviter les vaches maigres, j'avais moi-même décidé de tout rétrécir et j'ai un caractère heureux. Je fais du mimétisme. Je m'adapte aux situations comme aux lieux, selon les circonstances.

Je retrouvai d'ailleurs une plus grande autonomie en m'installant, peu après, dans mon nouveau studio parisien. Vingt-cinq mètres carrés, l'espace idéal pour une personne de mon âge. Je commençais alors à souffrir considérablement d'une de mes jambes. L'arthrose est un mal pénible. J'apprécie ces cuisines si spacieuses qu'il suffit de pivoter sur soi-même pour rincer un aliment ou le cuire. Finis les grands espaces à parcourir !

Ma voisine du dessus branchait en permanence radio ou télé « plein pot », elle n'était pas de tout repos. Je me souviens être allée tambouriner à sa porte, vers les 7 h 30, un matin, pour lui demander de baisser d'un ton une cacophonie lancinante. Le bruit devait être très fort, puisque j'avais — j'ai encore — une oreille qui ne fonctionne pas très bien. Le type qui m'a ouvert la porte n'était pas son gars habituel. Prise d'une rogne subite, je l'ai littéralement « engueulé ». Estomaquée, je l'ai entendu me répondre : « Arrêtez votre cinéma ! On sait que vous jouez la comédie tous les soirs... »

Il a malgré tout changé de diapason et vaguement promis de faire attention. Son explication m'a fait rire : « J'ai besoin de musique. Comprenez, je suis un poète. »

Ont-ils déménagé ou me suis-je habituée ? Pour la première fois depuis longtemps j'avais la joie de résider à Paris sans me sentir pour autant en transit.

Pour qui veut philosopher, la vie naturellement n'est qu'un passage, mais la conscience qu'on en éprouve est d'autant plus vive qu'on n'a pas de chez-soi.

J'espérais, sans trop y croire, que j'allais continuer à jouer. Depuis plusieurs années, à la fin de chaque pièce, au retour de chaque tournée, je pensais m'arrêter. On ne me demanderait plus. Un nouvel engagement surgissait. Et je repartais.

Certes, j'étais parfois fatiguée.

Je sais la surprise du public de me trouver aussi alerte malgré les ans. J'arrive à lui cacher mes petites infirmités. Je crâne un peu si l'on prend de mes nouvelles, en affirmant que je me porte très bien. J'ai eu des tas d'ennuis, comme tout le monde, mais jamais rien de fonctionnel. Je suis devenue un objet fragile qui se brise facilement. J'ai un côté meuble ancien. Ça se répare. Mais je n'ai pas à lutter contre la maladie. J'ai la chance folle de jouir d'une bonne santé.

Evidemment, je n'ai plus le même ressort. J'ai moins de tête. Je cherche de plus en plus souvent ma chemise de nuit, mon livre de comptes ou mes lunettes. Mais sur scène, jusqu'à présent, je n'ai jamais craqué. Et je suis prête à chanter :

J'ai 91 ans et ne sais rien encore,
J'en suis à ma première aurore.

Il me fallait, même il y a dix ans, certainement plus de temps qu'autrefois pour préparer une petite valise, faire mon lit ou ranger ma chambre. Et il m'arrivait parfois de n'avoir guère envie de démarrer. Il faut se battre pour trouver le courage de se lever, de se pencher sur soi-même pour se consacrer aux soins qui permettent de se rendre physiquement acceptable.

Une dame de quatre-vingts ans n'offre pas toujours au réveil un joli spectacle. Il faut forcer sur la mise en scène. Tous les matins se laver les cheveux, mettre des bigoudis, se coiffer, se maquiller, quand on est lasse de se regarder dans une glace ou qu'on a un peu la flemme, exige une certaine volonté et brûle de l'énergie.

Mon travail, qui avait été jusque-là ma véritable distraction, menaçait de devenir une contrainte.

Cependant, je voulais poursuivre.

Nina Companeez m'a proposé de redevenir grand-mère pour *les Dames de la côte.* J'avais déjà tourné un film avec elle, *Un ours pas comme les autres,* qui me laisse le souvenir délicieux d'un pastel plein de poésie. Se rappelle-t-on Maïa Simon pliant les draps dans le jardin avec ses filles, toutes trois vêtues de longues robes blanches, et de la touchante simplicité d'Evelyne Buyle, avec son frais visage sans maquillage, servant son petit déjeuner à André Dussolier, cet « ours » si séduisant ?

Travailler avec Nina Companeez, une femme qui est la délicatesse même, est un vrai plaisir. Edwige Feuillère, avec qui je n'avais jamais eu l'occasion de jouer, devait également faire partie de la distribution. J'ai accepté sans hésiter.

Il se peut que l'état d'esprit de cette vieille dame qui, lasse de tout, s'éteignait doucement dans son grand lit, sous les yeux des siens, ait déteint sur moi un moment. Mais je me suis bien gardée de l'accompagner jusqu'au bout du chemin. Je ne suis pas impressionnable à ce point.

Je m'aperçois, en feuilletant les cahiers sur lesquels je note, depuis de nombreuses années, mes pensées de l'instant, que mon existence d'alors n'était pas toujours rose. Je croulais sous les soucis, le principal étant celui de la santé de la plus jeune de mes arrière-petites-filles, Chloé. Une enfant qui, à l'âge de trois ans, s'est accidentellement brûlé l'œsophage, le 16 mai 1975, à Tunis, en absorbant de la potasse. Il a fallu l'opérer à deux reprises. Elle a grandi, elle est belle, avec ce rayonnement intérieur d'un être forgé par la souffrance.

Transcrire sur le papier mes inquiétudes à son sujet me procurait un soulagement. Et j'ai pris l'habitude de consigner mes angoisses comme mes bonheurs du jour sur de grands cahiers à spirale aux couvertures de couleur vive que j'achète à Uniprix — les mêmes que ceux sur lesquels je recopie scrupuleusement mes rôles pour les mémoriser.

La nuit, si l'on ne dort pas, le cerveau cogite. Il n'est pas bon de le laisser s'activer dans le noir. Sachant ne pas pouvoir me rendormir, quelle que soit l'heure, j'allume, je me lève, je me prépare un café, et par le truchement du stylo « je me parle à moi-même ». Dorine à Orgon. Un emploi que j'ai aimé.

Voilà qui ramène commodément au théâtre. Mais je ne vais pas me lancer maintenant dans le récit de mes deux séjours à la Comédie-Française. Je me suis offert le plaisir de m'attaquer à cet ouvrage par le motif du milieu. Il est temps de resserrer la trame si je ne veux pas que ceux qui auront l'amabilité de me lire ne perdent le fil de ce long voyage qu'est ma vie.

Qui dit voyage, dit gare. Retour à la case départ. Evoquons mon premier train.

Premier train, première loge

J'ai pris bon nombre de trains dans ma vie. Le premier m'a conduite, à l'âge de deux ans et demi, de l'Italie à Paris, où je venais rejoindre mes parents.

Je suis issue d'une famille pauvre. Mon grand-père était bûcheron et avait treize enfants. Jeune fille, ma mère devait vendre ses cheveux pour s'acheter des robes. Elle est partie pour la France avec mon père, peu après ma naissance, chercher du travail avec ma sœur Rose, de huit ans mon aînée. Elle avait confié le nourrisson que j'étais aux soins d'une tante qui venait elle-même d'avoir un bébé.

Grâce à son lait, ma mère trouva aussitôt à se placer comme nourrice. Mon père pour sa part frottait les parquets.

Ils habitèrent d'abord une petite chambre, du côté des Champs-Elysées, où il n'y avait pas de place pour moi. Puis on leur proposa le gardiennage d'une loge, 6, square de l'Opéra. Et je suis montée dans mon premier train, sous la garde d'un de mes oncles.

Je suis donc fille de concierges. Il ne me viendrait pas à l'idée de cacher mes origines. Comme je n'ai pas le goût de choquer, mon père est devenu

« gardien d'immeuble » pour le *Who's Who* dans lequel je figure depuis que j'ai eu la Légion d'honneur. J'ai passablement hésité à remplir le formulaire que m'avait adressé l'éditeur de ce manuel mondain.

Je suis née italienne, en 1896, dans le Val d'Aoste. J'ai vécu deux ans à Châtillon, petit village de montagne au pied du mont Cervin. Notre habitation : une seule pièce, au rez-de-chaussée, dans laquelle on fait la cuisine, on lave les enfants. Une autre à l'étage, où l'on dort. Pour la nourriture, polenta à tous les repas, exceptionnellement avec de la saucisse.

Je suis arrivée à Paris en sabots où, dès que j'ai sauté sur le macadam, je me suis exclamée (en patois), le goût déjà très parisien :

« Pas beau ! Belles chaussures pour Didine ! » (Mon vrai prénom est Edouardine.)

Je garde des souvenirs délicieux, merveilleux, de mon enfance dans cette loge du square de l'Opéra. Modestes. On était à l'époque moins exigeant que maintenant. Pas de cinéma, pas de disques, ni de sports d'hiver. Un rien suffisait à distraire.

Il semble qu'on ait un peu perdu le goût de regarder, de flâner. Quand je traverse ce Paris, encombré par ses embouteillages, et que j'observe toutes ces caisses de métal collées les unes aux autres, les visages agressifs des conducteurs, j'ai la nostalgie du fiacre.

Le dimanche, ma mère m'habillait, après m'avoir frisée comme un mouton avec des bigoudis, d'une robe cousue la nuit avec amour. Puis elle m'emmenait m'asseoir sur le socle de la statue des Chevaux de Marly, et nous attendions là le retour des courses pour voir passer dans les calèches des femmes aux toilettes extraordinaires. Tous ces chapeaux, ces fleurs, ces rubans, ces oiseaux, ces chevaux bien briqués... ce spectacle m'enchantait au point que je m'en souviens encore.

La mémoire fonctionne bizarrement. Je peux m'inquiéter aujourd'hui de ce que j'ai fait le jour même, tous ces détails d'autrefois sont gravés dans ma tête.

J'ai grandi dans la tendresse. Ma mère, bien qu'illettrée, était belle, généreuse et sage. Elle me formulait ce précieux conseil :

« Ma chérie, quand on n'a rien à dire, il faut avoir l'intelligence de se taire. Si tu n'es pas sûre d'un mot, ne l'emploie pas. »

Elle m'a bien élevée.

Je revois cette loge, une fenêtre sur la cour, deux salles, dont une avec une alcôve. Une vraie cuisine, le chauffage, l'eau chaude, le grand évier... Je ne l'ai quittée qu'à dix-sept ans.

J'avais le goût de l'étude. Je suis allée en classe chez les sœurs, rue de la Ville-l'Evêque.

Les locataires nous aimaient bien. Habitait l'immeuble, entre autres, une femme originale, américaine, parlant avec l'accent anglais. Cultivée, très musicienne, Miss Wetmore sortait beaucoup. Théâtre, Opéra toutes les semaines. Extrêmement élégante, quoiqu'elle fît tailler toutes ses robes sur le même modèle. Seule la couleur changeait : bleu marine, gris, vert, pied-de-poule, blanc pour le soir brodé de petites perles. Je dois beaucoup à cette femme charmante car elle m'a enseigné sa langue.

Elle me voyait dans la loge quand elle passait déposer ses clés ou prendre son courrier. Et c'est elle qui a proposé à ma mère de me donner des leçons :

« Ma petite Madame, vous n'avez pas les moyens de payer des cours à votre fille. Quand elle a fini ses devoirs, le soir, après l'école, envoyez-la-moi. »

Savoir l'anglais a été pour moi un atout capital. Grâce à cela j'ai décroché divers emplois, et surtout mon premier vrai rôle lors de mes débuts à la Gaîté-Lyrique. Je parle encore facilement cette langue, même si j'ai perdu un peu de vocabulaire. Plus tard, j'ai envoyé ma fille en Angleterre, et offert à mes petites-filles des cours chez Berlitz. Mais je sais qu'avec un peu de courage et un bon professeur, il n'est pas besoin de quitter la France pour apprendre une langue étrangère.

Egalement avec Miss Wetmore, j'ai commencé l'allemand. Je n'ai pu poursuivre. L'argent se faisait rare à la maison. Reçue première au certificat, j'aurais pourtant aimé continuer mes études. L'intervention de la sœur Rose, une des religieuses, auprès de ma mère, m'a permis de gagner un an :

« Madame, votre fille est douée. Laissez-la encore un peu. »

Puis Maman m'a trouvé, quand j'ai eu treize ans, mon premier travail. Habilleuse de mannequins, dans une grande maison de couture du quartier, Blanche Le Bouvier.

J'ai gardé cette place près d'un an. Au début, on se moquait de moi. Ma mère, qui était une femme simple, fière des cheveux blonds et des yeux bleus de sa fille, m'habillait de gros jupons sous une courte jupe. Le corsage ressortait du gros grain de la ceinture. J'étais coiffée d'un petit chignon. Bonne bouille, sans doute, mais aucune élégance. Je n'avais pas encore le goût formé, mais je sentais bien que ma tenue n'était pas au point.

J'ai cessé là de m'appeler Edouardine.

« Que faire d'un prénom pareil... », avait soupiré mon patron à mon arrivée. « Trouve autre chose ! »

En pleurs, j'ai cherché secours dans la cabine des mannequins qui constatèrent :

« C'est trop long ! Mais tu nous embêtes... Attends, on t'appellera Denise ! »

Denise m'est resté.

Je n'appréciais pas que les mannequins se servent de moi comme de leur domestique (pour ma part j'ai toujours traité en amis les gens que j'ai pu avoir par la suite à mon service).

« Petite, apporte-moi mon fer ! »

« Petite, va me chercher un croissant ! »

Au fil des semaines, j'ai pris du poil de la bête. Et, un jour, j'en ai eu assez. Je me suis rebiffée. Je suis montée frapper à la porte du directeur :

« Que veux-tu ?

— Savoir pour quoi on m'a engagée.

— Pour t'occuper des mannequins.

— Ça consiste en quoi exactement ?

— Tu recouds les boutons, les agrafes s'il en manque, tu ranges les robes sur leur cintre, tu les brosses si nécessaire. Tu entretiens les vêtements.

— C'est tout ?

— Je ne vois rien d'autre.

— Alors descendez le dire, parce que pour l'instant on me fait faire la bonne. »

Je ne manquais pas d'audace. Mon cas s'est arrangé. De toute manière, je n'avais pas l'intention de rester toute ma vie habilleuse de mannequins, surtout pour 30 francs par mois.

Finalement, j'ai donné ma démission. Avant de prévenir ma mère, j'ai acheté un journal et j'ai lu dans les petites annonces que la maison des parfums Caron offrait un poste de vendeuse.

« 21-22 ans, sachant l'anglais. »

Vendeuse, le métier de mes rêves... J'étais trop jeune ? La belle affaire ! Pour me vieillir, j'ai emprunté à ma mère sa guimpe et son sautoir, à ma sœur son chapeau, et je suis allée me présenter au 10, rue de la Paix.

« Vous parlez anglais ?

— *Yes, I do.* »

On discute.

« Votre anglais est parfait », me dit le directeur, M. Daltroff, enchanté. « Et quel âge avez-vous ?

— Vingt-deux ans, Monsieur.

— Je n'en crois rien, mais je vous engage pour votre culot. »

Mon déguisement pouvait difficilement faire illusion. Nous étions en juillet. Je n'ai eu quatorze ans qu'au mois de septembre suivant.

J'ai passé chez Caron près d'un an. J'en garde un bon souvenir. J'ai toujours adoré la vente. Les arguments me viennent spontanément. De la glace aux Eskimos, du sable aux Bédouins, je suis capable de vendre n'importe quoi.

Je plaisantais avec Félicie, la dactylo. La vie était gaie. J'étais insouciante. Nous faisions des pauses. Le matin, en douce, Félicie et moi grignotions des flans que j'achetais en chemin. Tous les après-midi, je passais de longs moments au téléphone avec Rose, ma sœur, qui, après avoir été mannequin, vendait alors des lampes électriques. Je la faisais enrager. C'était l'époque où je surveillais ses fréquentations que je la menaçais de rapporter à Maman.

Je me livrais à toutes sortes de blagues. J'ai ainsi inséré une boule puante dans le bois du fauteuil de mon patron, en retirant un clou que j'ai rescellé ensuite après avoir glissé la boule dans l'orifice. A ma connaissance, M. Daltroff n'a jamais su l'origine des odeurs pestilentielles qui l'incommodaient. Je me suis bien gardée de lui révéler ce haut fait.

Mon agitation l'agaçait, certes, mais il me gardait parce que je réussissais merveilleusement en affaires. « Rarissime », « Ravissement », sachets de mimosa, je vendais de tout et en grandes quantités. Jusqu'au jour où j'ai dépassé la mesure.

On n'avait pas de photocopieurs à l'époque. On effectuait des « copies-lettres » en déposant sur le document encré qu'on voulait reproduire une feuille blanche qu'on frottait ensuite avec un chiffon humide. J'ignore comment je m'y prenais. Trop sec, trop mouillé, ça ne marchait jamais. M. Daltroff a voulu m'enseigner la technique :

« Apportez-moi de l'eau, je vais vous montrer ! »

Discrètement, mais sciemment, j'ai déposé la cuvette en équilibre précaire sur le rebord d'une étagère, derrière son dos. En se redressant, il ne pouvait manquer de la renverser. Et je l'ai laissé attendre.

Gagné ! Il m'a renvoyée, expliquant à ma mère :

« Votre fille est charmante, adorable, mais ce n'est qu'une enfant. Il faut encore la laisser jouer. »

Sans me tenir rancune de cet incident, il est venu, par la suite, applaudir mes premiers rôles.

Comme je m'apprêtais à chercher un emploi, la maison Le Bouvier m'a de nouveau recrutée, cette fois-ci comme mannequin pour le rayon jeunes filles.

« Je te vois passer de temps à autre, me dit le patron. Tu as grandi, tu as de jolies jambes, tu es belle. Si tu es d'accord, je t'engage. »

Et avant que je ne commence, il m'a envoyée me faire mouler chez sa corsetière rue d'Alger.

Comprimée dans ma gaine, j'ai tenu deux mois. Ce n'était pas un métier pour moi. Je me sentais mal à l'aise sur mes talons hauts.

Mon patron lui-même l'avait constaté. Il me convoqua dans son bureau et me déclara :

« Tu n'es pas faite pour ça. Je te regardais tout à l'heure, depuis l'escalier, tu as l'air de marcher sur des œufs ! »

Nous nous sommes séparés d'un commun accord.

Encore les petites annonces. La maison Lewis, chapelier, cherchait un modèle parlant l'anglais. J'ai couru voir. Engagée ! Joie dans la loge. 120 francs par mois, nourrie au déjeuner.

Pour le port des chapeaux, j'étais à mon affaire, et

les clients aimables. Les patrons : un couple d'homosexuels, Monsieur Lewis et Monsieur Gaston ; l'un très grand, l'autre tout petit, ce qui m'obligeait à me dresser sur la pointe des pieds, ou au contraire à me courber pour être à bonne hauteur de celui qui devait s'occuper de ma tête.

Je ne me déplaisais pas dans ce magasin, mais ma désinvolture m'a valu d'être mise à la porte.

« Petite, cours me chercher Madame Anna », m'avait demandé Madame Leone, l'une des deux vendeuses.

Partie comme une flèche, je dévalai les escaliers en criant : « Madame Anna ! Madame Anna ! » et je suis arrivée en trombe derrière la porte du salon de vente que j'ai poussée sans réfléchir, bousculant au passage un important client sur lequel j'ai renversé le grand champignon couvert de chapeaux.

Au lieu de m'excuser, frappée par le ridicule du spectacle qu'il offrait, j'ai commencé par pouffer, puis gagnée par un rire inextinguible, j'allais m'éclipser lorsque j'ai entendu Monsieur Lewis maugréer :

« Ah, ces petites, ça sent la crasse humaine ! »

Ce à quoi j'ai répliqué :

« Peut-être, Monsieur. Mais vous, vous sentez le bouc ! »

Mes camarades m'ont regrettée. Nous nous amusions bien. Je me déguisais et je chantais pour elles tout le répertoire de la rue.

Quelques années plus tard, j'ai pris, avec bonheur, une petite revanche sur M. Lewis. J'avais alors quelque succès sur scène, et la maison existant encore, je suis allée essayer des chapeaux.

« Je crois avoir déjà vu votre visage », me dit-il en se livrant à des ronds de jambe dans le salon particulier.

Nous étions en tête-à-tête. Je me suis fait reconnaîtrc.

« C'était donc vous ! »

Il a eu l'air assez gêné. Je n'aime pas qu'on malmène les faibles.

J'ai pu annoncer mon renvoi à Maman sans la peiner, ayant déjà retrouvé un emploi analogue en passant devant la maison Pestour, rue Caumartin.

A la grande joie du personnel, je donnais là de vrais spectacles au point d'attirer aux fenêtres les employés de bureau d'en face. Je grimpais sur les tables de l'atelier de réparation où je dansais et je chantais.

Je travaillais en principe au premier étage, au rayon pour dames, avec Mme Pestour. Je distrayais les clientes en réalité assez laides en les complimentant habilement sur leur nuque, le reste ne m'inspirant guère.

Mais j'égayais aussi les messieurs, chez qui on me faisait descendre.

« Envoie-moi Denise avec des modèles ! criait M. Pestour à son épouse.

— Pourquoi ?

— La cliente refuse de monter. »

On riait. Certains en profitaient pour me faire un peu la cour. Jusqu'à cet après-midi où Mme Pestour, intriguée par tant d'animation, a surgi et m'a cherchée, se demandant où j'étais passée. Elle a fini par ouvrir la malle aux échantillons dans laquelle je m'étais cachée en l'entendant arriver.

Renvoyée, une nouvelle fois.

La déclaration de la guerre de 14 a mis fin à ces prouesses commerciales. Les maisons de mode comme les commerces de luxe ont alors réduit ou cessé leurs activités dans l'attente de jours meilleurs, et je n'ai plus trouvé de travail.

Je n'ai eu que le temps, durant quelques mois, de

m'intéresser encore aux chapeaux de la maison Chaigneau, rue des Pyramides, qui demandait une vendeuse « ayant une clientèle ».

Je n'en avais pas, naturellement. Mais où était le mal ? J'ai postulé.

Salaire fixé à 120 francs par mois, plus un pourcentage sur les ventes.

Ne sachant trop comment m'y prendre, j'ai d'abord observé, puis interrogé une de mes collègues. Elle faisait la tournée des hôtels en taxi avec sa marchandise.

Tambourin sous le bras, je suis partie à pied écumer le quartier.

La chance m'a servie. Devant l'hôtel Régina, où le portier voulait m'empêcher d'entrer m'est revenu opportunément en mémoire le nom d'une des clientes de la maison Pestour, Mme da Cugna, qui me servit de sésame.

Succès. J'avais conquis mon premier marché.

Enhardie par ce résultat, j'ai eu l'idée le lendemain de me « maquer » avec le concierge de l'hôtel Mercedes à qui j'ai proposé une commission sur mes bénéfices s'il me laissait organiser une exposition pour ses clientes.

Nous sommes restés associés jusqu'au jour où la maison Chaigneau a fermé ses portes.

Entre-temps, j'avais fait mes débuts au cinéma (dans le film muet, bien sûr), encouragée par une locataire du 6, square de l'Opéra. Mme Maubuisson, qui habitait le cinquième étage, et dont le mari était l'agent, l'imprésario d'un certain nombre de cantatrices, me disait souvent :

« Avec la petite gueule que tu as, tu devrais monter en scène. Fais du cinéma !

— Maman s'y opposerait.

— Tu ne peux pas la convaincre ?

— Peut-être. A la morte-saison, j'essaierai. »

Je n'y croyais pas trop, mais je saisis l'occasion lorsque la maison Chaigneau nous mit à pied pendant l'été (quinze jours sans salaire, les vacances de l'époque !). En cachette de ma mère, munie d'un mot de recommandation donné par Mme Maubuisson, je me fis recevoir par André Hugon, le critique dramatique du *Journal*, rue de Richelieu. Il n'avait pas encore de notoriété de cinéaste, mais préparait un film.

Ma petite personne ne l'a pas emballé. Je devais offrir un curieux spectacle. Il m'arrive de critiquer certaines tenues vestimentaires de la jeunesse d'aujourd'hui (si j'adore le pantalon, je suis allergique au « jean »), mais je reconnais que je n'atteignais pas moi-même, dans ce temps-là, la perfection : bas violets, robe grise, chapeau rouge... Je trimbalais même des cerises.

Sans enthousiasme, André Hugon m'a suggéré de repasser le voir :

« Je n'ai pour l'instant rien à vous proposer. »

J'ai fait le siège de son bureau. J'arrivais tous les après-midi, vers cinq heures, je m'asseyais face à sa porte. Il ne pouvait sortir sans me voir.

Au bout de quelques jours, sans doute lassé de ma présence, il me confia un petit rôle dans une production que je n'ai jamais eu l'heur de voir à l'écran : *Mademoiselle Etchiko*.

Ce devoir accompli, je repris ma faction devant sa porte et pour être sûr, cette fois, de se débarrasser de moi, j'imagine, il me présenta alors à Georgy Monca, le metteur en scène attitré de Rigadin, star du muet.

Monca cherchait précisément trois figurantes pour un court métrage, *Rigadin chez la modiste*. Sur un coin du plateau, j'assiste avec les deux autres au tournage. Rigadin arrive avec sa femme chez la modiste qui est amoureuse de lui. L'épouse essaie un chapeau. Ma spécialité ! Je pousse du coude une de mes camarades, Maria Fromet (devenue par la suite une des actrices du Français), et je m'esclaffe :

« Tu as vu cette gourde, comme elle s'y prend ? »

Le metteur en scène qui m'avait entendue m'interpelle :

« Toi, tu penses que tu pourrais faire mieux ?

— Certainement ! »

J'ai pris le chapeau, je m'en suis coiffée, et j'ai ajouté un clin d'œil qui a déclenché les rires.

Ce clin d'œil m'a fait remarquer. Le public a vu le film et l'a aimé.

Quand la maison qui m'employait a rouvert ses portes, j'ai repris mon travail comme si de rien n'était. Mais, trois mois plus tard, on m'a contactée. J'ai alors raconté toute l'histoire à ma mère pour pouvoir jouer *le Voyage de Corbillon.*

J'ai ensuite tourné un autre film dont le titre m'échappe.

Puis la guerre a surgi, interrompant brutalement ces exploits muets et reportant à quelque trente ans plus tard mes vrais débuts au cinéma, devenu entretemps parlant.

Entrée en scène

J'avais dix-huit ans, j'étais insouciante. Cette guerre, cependant, a coïncidé avec l'un des temps forts de mon existence. C'est au cours de cette période que j'ai fait mes débuts sur les planches. J'ai aussi rencontré l'homme qui est resté le seul vrai grand amour de ma vie. Et pendant cette guerre ma fille, Suzanne, est née.

Mes parents étaient, comme moi, de nationalité italienne, et s'inquiétaient des tensions entre la France et l'Italie. Ils ont rendu la loge, entassant les quelques meubles qu'ils possédaient dans le petit cabanon que mon père avait acheté à Colombes avec un bout de terrain et sont repartis dans leur pays dès le début des hostilités.

Paris était ma ville. J'ai refusé de les suivre, ma sœur Rose restait aussi. Elle avait proposé de me garder avec elle. Nous habitions chez son fiancé.

Les combats se rapprochant, nous avons fui la capitale. J'ai le souvenir d'un premier été passé dans le Périgord, région dont ce garçon était natif. Il nous avait loué une petite maison à proximité de celle de ses parents. Rose attendait ses visites. Je cueillais des fleurs. Nous nous gavions de foie gras. Après la bataille de la Marne, nous sommes tous les trois revenus à Neuilly.

Je ne voulais pas vivre aux crochets de ma sœur, mais je risquais de mourir de faim. Je me suis mise aussitôt en quête d'un travail. Comme par le passé cela m'avait plutôt réussi, je cherchais une place de vendeuse dans la mode, la couture ou le parfum. Mais tout ce qui était futilités, dentelles, flonflons s'était arrêté net au début de la guerre. Je ne trouvais rien. Il fallait pourtant bien que je gagne ma vie !

Tous les matins j'achetais le journal, et je finis par repérer une annonce des Folies-Bergère : « On demande des figurantes ayant de jolies jambes. » J'ai regardé les miennes. Elles n'étaient pas mal. Avec un culot monstre, je suis allée me présenter. J'avais dix-neuf ans et de grands cheveux blonds. Evidemment, à cet âge-là, même sans jolies jambes, on a toujours un peu la beauté du diable. J'ai été engagée sur-le-champ.

Je suis rentrée triomphalement à la maison annoncer la nouvelle, qui n'était pas du goût de mon beau-frère :

« Je ne veux pas de cabotine chez moi ! »

Je ne me le suis pas fait dire deux fois. Trop fière pour m'incruster, j'ai alors trouvé refuge chez Miss Wetmore, mon bon génie, cette femme qui m'avait appris l'anglais, qui m'a logée. Adorant le théâtre, elle était ravie.

Mon séjour chez elle a été quelque peu folklorique : elle me couchait entre deux édredons, sous le piano. Il n'y avait d'ailleurs pas de lits dans l'appartement. Tous les soirs elle m'intimait :

« Ma petite enfant, prenez vos précautions avant d'aller dormir ! »

Et tous les matins elle m'offrait une tasse de sa

tisane, agrémentée d'un biscuit qui me paraissait délicieux. A une époque où, n'ayant pas encore reçu mon premier salaire, je mangeais surtout de la vache enragée, elle m'a permis de survivre.

Je dormais donc dans la plume, et je jouais dans la plume. Ne connaissant rien du travail de la scène, j'ai tout appris sur le tas.

Le jour de la première, le directeur des Folies-Bergère m'a cherchée partout.

« Où est la petite Denise qui a de si jolis cheveux ? »

Il ne me reconnaissait pas tellement je m'étais peinturluré le visage de rose, de blanc, de noir. Hilda May, la vedette de la revue (intitulée, en raison des circonstances, « La revue sous les drapeaux »), une jeune Anglaise ravissante, qui dansait et chantait de façon délicieuse, m'a alors enseigné l'art du maquillage. Je l'ai écoutée attentivement, et bien que les années aient passé, j'applique toujours ses conseils. Je ne me suis jamais maquillée différemment.

Les jeunes ont parfois tendance à mépriser leurs aînés. Je trouve que c'est dommage. Moi, je les observais. Entre deux figurations, je m'installais en bord de scène, dans le trou réservé en principe au pompier, et je regardais. Je pensais : « Tiens, elle se débrouille bien », ou en revanche : « Ça c'est ridicule. » C'est ainsi que j'ai appris à jouer.

Au bout de quelques semaines, me payant une nouvelle fois de culot, je suis allée trouver Hilda May pour lui dire :

« Ecoutez, Miss May, si vous aviez un jour un problème, je peux aisément vous remplacer. Pas pour le chant, ni pour la danse, mais du moins pour la première scène, qui est une scène de comédie.

— Tu sais mon rôle ?

— Je connais par cœur tous les rôles. »

Et puis Hilda May, qui abusait parfois du whisky,

est arrivée un jour au théâtre complètement ivre, et m'a appelée :

« J'ai envie de " dégueuler ", je suis malade ! Est-ce que tu veux jouer ? »

Et je l'ai remplacée au pied levé, sans avoir jamais répété. J'ai enfilé le costume, coiffé le chapeau. J'ai eu du mal à chausser les souliers, car elle avait le pied petit, et moi grand. Et je suis entrée en scène sans prévenir personne, au grand dam des comédiens, d'abord surpris et que j'ai fini par entraîner dans le mouvement.

J'ai découvert ce jour-là que je suis aussi à l'aise sur une scène que dans la vie. A une exception près, que j'évoquerai plus loin, je n'ai jamais eu le trac. Et tout s'est bien passé.

Le directeur, cependant, m'a alpaguée dans les coulisses, une fois ma prestation terminée :

« De quoi te mêles-tu ? Qui t'a donné l'autorisation de... »

Je lui ai coupé la parole :

« Monsieur, vous n'allez pas m'engueuler. Vous devriez me remercier. Sans moi, personne n'aurait joué. Allez plutôt voir dans quel état elle est ! »

Finalement, il m'a proposé de garder le rôle, ce que j'ai accepté en imposant toutefois mes conditions :

« Je ne ferai plus ni le cheval, ni Jeanne d'Arc. »

Je n'ai plus jamais fait de figuration. Ce rôle en a entraîné un autre. Ma carrière démarrait.

J'avais entre-temps découvert le bonheur d'aimer et d'être aimée en rencontrant Henri Bara. Beau, tendre, de dix ans mon aîné. Le hasard nous a rapprochés. Nous habitions le même quartier, et nous nous croisions dans le métro. Jusqu'au jour où il s'est enhardi et m'a adressé la parole. J'ai vécu avec lui les grandes heures de ma vie.

La guerre nous a d'abord séparés, l'envoyant au

front. Je recevais tous les jours des lettres qu'il m'expédiait du fond de sa tranchée. J'en écrivais aussi. Et puis il est revenu, et nous nous sommes installés ensemble dans un petit appartement, rue Berteaux-Dumas, à Neuilly.

Aux Folies-Bergère, j'occupais déjà ma première loge. Terme pompeux pour une sorte de placard. Comme je supportais mal la saleté repoussante de la loge commune des figurantes, les maillots suspendus, la poudre qui voltigeait, j'étais allée frapper à la porte de mon patron :

« Je m'en vais.

— Mais non, pourquoi ?

— A cause de la crasse. A ce compte-là, je préfère faire des ménages. »

Il m'a attribué une espèce de cagibi que j'ai aménagé. Je ne possédais encore qu'un seul costume, je crevais la faim n'ayant pas encore touché mon premier salaire, mais j'avais ce lieu à moi, net et propre. Je n'ai jamais fait pitié.

Je suis retournée dans cette loge, en 1975, pour que l'on m'y photographie, au milieu de toute ma famille (j'étais alors, comme je le suis encore, mère d'une fille, deux fois grand-mère et quatre fois arrière-grand-mère. Seule manquait ma petite Chloé, hospitalisée). Pour mes soixante ans de théâtre, j'ai eu droit à une vraie fête, organisée par Daniel Darès (le gendre de Simone Berriau) qui dirige aujourd'hui avec Héléna Bossis le théâtre Antoine où je jouais alors *le Tube*. Comme il avait également réuni de nombreux amis du métier, c'est au foyer des Folies-Bergère, aimablement mis à notre disposition par la directrice, Mme Martini, que nous sommes allés sabler le champagne. Ma loge ne risquait pas de contenir tout ce monde !

C'est là que j'ai reçu mes premières fleurs. Des roses bleues ! Je n'en avais encore jamais vu, je ne savais même pas que ça existait. En déballant l'énorme bouquet, je découvre une petite bourse de louis que j'imagine en chocolat, comme ceux qu'on offre aux enfants. Affamée, j'en attrape un, je mords dedans, et je manque de me casser une dent. C'était de l'or! Et il y en avait cinq! A 20 francs l'un, ça représentait plus de trois mois de ma paie. Je n'ai même pas cherché à savoir qui me l'envoyait. J'ai filé chez Pocardi, où j'ai commandé et avalé goulûment, sous l'œil étonné du serveur, deux grandes platées de macaronis. J'étais seule, et j'avais l'air d'une môme. Il devait penser : « Pauvre gosse! Faut-il qu'elle ait faim! »

J'ai su qui en était l'expéditeur. Un marchand de bouchons de la rue de Lyon, un fou de théâtre, ami de mon patron, qui est venu se présenter. Il voulait m'épouser. Il avait remarqué que je ne frayais pas avec les autres, et cela lui plaisait. Il est vrai que j'ai un tempérament indépendant. Ce qui ne m'a jamais empêchée de partir en tournée et de bien m'entendre avec tout le monde.

Je l'ai remercié, mais éconduit. J'aimais Henri.

C'est pendant mon séjour aux Folies-Bergère que j'ai choisi mon nom. Au début, on m'appelait simplement Denise. Je n'ai pas voulu prendre de pseudonyme avant d'avoir un rôle. Mais quand j'ai remplacé Hilda May, il m'en fallait un, de préférence assez court, pour tenir sur l'affiche. Edouardine Grey, comme Edward Grey, le pacifiste, l'homme politique anglais souvent cité dans les journaux. *Greys* aussi comme les cigarettes. J'ai abandonné Edouardine, un peu long, et adopté Denise Grey, qui sonnait bien.

J'ai joué dans cette revue pendant près d'un an. Et Saint-Granier, qui m'avait remarquée, m'a engagée dans son cabaret, *la Pie qui chante,* puis Robert Trébor au théâtre Michel. Dès lors, les emplois se sont succédé. Je n'ai plus jamais eu à les solliciter, ce qui est une chance fabuleuse.

Je n'avais aucune formation. Je n'ai jamais été au Conservatoire. Certes, je me suis bien rendu compte que j'étais douée. J'avais l'instinct de la scène. Mais l'instinct ne suffit pas toujours. Alors j'ai voulu prendre des cours, et je suis allée trouver M. Gabriel Signoret, dans son appartement de la rue de Monceau. Avec lui j'ai travaillé quatre textes : *le Monde où l'on s'ennuie* de Pailleron ; *Une soubrette* de Marivaux ; un Musset et un autre que j'oublie. Je payais mes leçons d'un louis d'or. Au bout de la quatrième il m'a arrêtée :

« Ecoute, mon petit, ce n'est pas la peine que tu dépenses ton argent. Je te regarde. Tu as une bonne voix, une excellente diction. Tu sais te tenir en scène. Tu es belle, tu es drôle, mais comme tu as une autorité du tonnerre de Dieu, ça va te gêner au début de ta carrière, tu ne pourras pas jouer les ingénues. Tu auras du succès quand tu joueras les mères. »

Il avait raison. J'ai toujours eu énormément d'assurance, ce qui par moments m'a gênée. Arriver à mettre une sourdine impliquait tout un travail. Et c'est avec mon premier rôle de mère, dans *Ta bouche,* en 1945, que je me suis vraiment révélée.

Mère, en réalité, je m'apprêtais à l'être puisque j'étais enceinte. Paul Marinier, le chansonnier, me raccompagnait tous les soirs à Neuilly, en portant mon corset, car je continuais à jouer. Si les théâtres font le plein, en temps de guerre (les gens ont besoin de se distraire), les transports laissent à désirer. Les tramways étaient rares.

Mes parents pour leur part, rentrés d'Italie, se sont installés à Colombes. Un grand malheur nous a frappés. Mon père est tombé dans la rue, foudroyé par une attaque. Il est mort peu après à l'hôpital.

Un court moment, ma sœur qui, à son tour,

voulait tâter du métier, est venue me rejoindre au cabaret. Avec deux autres petites bonnes femmes, comme elle habillées en gommeuses, elle paraissait en scène pour faire patienter le public en cas d'absence d'un chansonnier. Ces artistes étaient très demandées. Elles comblaient le vide en chantant leur couplet :

C'est nous les petites femmes de revue
On ne nous voit jamais dans la rue
Lalala, lalala, lalala, lalala,
C'est nous,
C'est nous,
Qui venons pour boucher les trous.

Et elles s'inclinaient en poussant un grand « *You !* ».

Spectacle charmant, sauf un soir où, plusieurs de ces messieurs manquant, un peu agacé de voir les filles arriver pour la quatrième ou cinquième fois, un spectateur s'est dressé pour crier :

« Zut, enfin ! On n'est pas là pour voir boucher les trous ! »

Ma sœur s'est découragée.

J'étais enceinte de trois mois lorsque Robert Trébor est venu me chercher pour jouer au théâtre Michel avec Gaby Morlay, la grande comédienne que l'on sait. Je n'ai travaillé avec elle qu'à deux ou trois reprises, mais elle m'a conservé son amitié. Je l'ai revue souvent. J'adorais cette femme, gaie, généreuse et drôle.

Dans ce spectacle, nous chantions toutes deux. Moi, un peu faux, d'ailleurs. Mais je me débrouillais. Je n'ai jamais eu non plus beaucoup de voix. J'enveloppe le tout du mieux que je peux. Cela ne m'a pas empêchée de chanter tellement d'opérettes que j'aurais pu prétendre, en son temps, à me faire héberger par la Fondation Rossini, la maison de retraite des artistes lyriques.

Mes formes dissimulées par un ample pantalon bouffant, j'ai ensuite interprété *Avgar ou les plaisirs du harem*, spectacle au cours duquel je me suis attiré les foudres de Marguerite Deval parce que, sur scène... je me plongeais dans la contemplation de ses pieds.

Ulcérée, elle me convoqua dans sa loge :

« Ma petite fille, si l'on veut jouer la comédie, il faut regarder les gens dans les yeux, et non par terre.

— Pardonnez-moi, Madame, mais j'attends un enfant. Vous avez de très jolis pieds, et si je les fixe, c'est pour donner à mon bébé, s'il s'agit d'une fille, au moins une chance d'avoir les mêmes. »

Cette explication nous a réconciliées.

Puis, comme ma grossesse commençait à se voir, on a créé un rôle de femme enceinte spécialement pour moi dans une revue, au Moulin de la chanson.

C'est là que M. Edmond Rose, l'administrateur d'Yvonne Printemps m'a contactée pour un emploi de soubrette dans une pièce de Sacha Guitry. Yvonne Printemps m'avait remarquée dans mon sketch des Folies-Bergère, lors d'un gala donné à l'hôpital Saint-Louis en l'honneur des « gueules cassées ». Après m'avoir félicitée, elle m'avait conseillé de ne pas me cantonner aux revues et de chercher à jouer la comédie.

« Je ne connais personne.

— Je m'en occuperai. »

Elle tenait parole.

Les comédiennes, à mon égard, ont toujours été d'une gentillesse extrême. J'ai eu cette chance fantastique.

Au jour fixé par M. Sacha Guitry, donc, je demande à ma petite bonne de me sangler au maximum pour cacher mes rondeurs, je me maquille, je me coiffe avec soin, je me mets sur mon trente et un, et je me précipite à notre rendez-vous, aux Bouffes-Parisiens.

Tombe le verdict du maître :

« Charmant visage ! Exactement celui que je cherche. Edmond Rose avait raison, Mademoiselle, vous êtes mon personnage. Je ne m'occupe pas des questions pécuniaires. Voyez directement avec lui. »

Et Sacha de s'exclamer :

« Ah !... Création exceptionnelle... »

Au bord de l'asphyxie, étranglée par ma gaine, je lui ai coupé la parole pour débiter d'un trait :

« Ecoutez, Monsieur (curieusement, alors que tout le monde lui disait " Maître ", ça ne m'est jamais venu, alors que je me suis adressée spontanément ainsi à Messager, par exemple, ou à bien d'autres)... Je suis heureuse de vous avoir plu, c'est pour moi un grand honneur. Mais j'ai moi aussi une création très importante à faire, et la mienne ne saurait attendre. »

Et en ouvrant mon manteau — la mode était aux vêtements amples — j'ai ajouté :

« Je vous en supplie, je n'y tiens plus, laissez-moi desserrer mon corset. »

L'occasion de travailler avec Sacha Guitry ne s'est pas représentée. Après cet entretien, il m'a envoyé ses livres au fil de leur parution. Tous portent cette même dédicace : « Voulez-vous jouer avec Moâ ? »

Ma fille Suzanne est née, quelques semaines plus tard, dans des conditions dont je souris encore.

D'abord avec un retard tel, sur l'horaire prévu, que faute de voir le bébé paraître, la maternité bondée dans laquelle je m'étais inscrite des mois à l'avance, au dernier moment, m'a refoulée, attribuant mon lit à une autre dont le cas semblait plus pressé.

Trop heureuse de réaliser mon rêve — avoir un enfant à vingt ans —, je ne m'en inquiétais pas.

Ignorant tout du déroulement précis d'une mise au monde, je n'ai même pas compris, sur le moment, ce qui m'arrivait. C'est Henri qui, en rentrant ce même soir d'un dîner chez des amis (où j'avais malgré tout par prudence préféré ne pas l'accompagner) et à qui je demandais de me préparer une tisane pour de légères douleurs au ventre, a constaté :

« Petite folle! Mais tu es en train d'accoucher! »

Panique. Où trouver une clinique? J'en connaissais une, avenue du Roule. Henri, affolé, a bondi dans son Hispano pour couvrir les... trente mètres qui nous en séparaient.

Egalement pleine à craquer. Il m'a alors chargée dans la voiture, avec ma valise prête depuis des jours. Nous avons fait le tour des cliniques du quartier. Sans succès. En désespoir de cause, nous sommes remontés à l'appartement. Six étages sans ascenseur.

Et là, une idée m'est venue.

« La jeune femme du troisième a accouché voici peu. Elle doit pouvoir nous conseiller. »

De fait, Henri est réapparu un moment plus tard, les bras encombrés d'un carton contenant nitrate d'argent, talc, langes, pèse-bébé, toute la panoplie nécessaire des premiers soins aux nouveau-nés.

« Rassure-toi, j'ai aussi trouvé une sage-femme. Elle arrive. »

C'est donc l'excellente Mme Potiron (impossible d'oublier ce nom), une grosse dame, qui a mis au monde Suzanne, lui évitant probablement de naître dans la rue.

« Je vois qu'on a déjà une pièce de quarante sous! » s'est-elle exclamée en m'examinant, avant d'ajouter, car j'ouvrais de grands yeux :

« Le travail est bien avancé. La dilatation commence à se faire. Allez-y, poussez! »

Cramponnée à Henri, docile, je pousse. Je pousse encore. Je pousse de toutes mes forces.

Nous n'étions pas au bout de nos peines. A un moment, Henri s'est affolé :

« Mais regardez, qu'arrive-t-il à ma femme ? Elle se couvre de boutons.

— Taisez-vous, laissez-moi faire mon métier. »

Finalement Mme Potiron l'a obligé à sortir. Pour ma part, m'agrippant au lit cannelé Louis-XVI orné de petites roses, je poursuivais mes efforts quand elle s'est écriée :

« Je vois la tête !

— La tête, où ça ? »

Curieuse de voir l'enfant, je m'arque en avant. Du coup, le bébé repart en arrière. Il n'y a plus qu'à tout recommencer.

Ainsi est née Suzanne. Ma mère, accourue sitôt prévenue, avec autorité la prit immédiatement sous sa garde.

« Je m'en charge. Tu n'as jamais élevé de bébé, tu ne saurais pas t'en occuper. Et tu n'as pas le temps, tu vas travailler. Je te promets de te rendre ta fille d'ici quelques mois, quand tu auras compris le mode d'emploi. »

Elle avait raison. J'ai reçu sans tarder une lettre du directeur du théâtre Antoine : « Ma chère amie, m'écrivait-il, achevez votre création et venez me voir. Je vous attends pour remplacer Mme Parisis. »

Quinze jours plus tard, je retournais en scène, le torse bandé (moi qui n'ai jamais eu de poitrine !) pour masquer d'énormes lolottes, jouant *Monsieur Bourdin profiteur,* une histoire d'épiciers nouveaux riches.

Tous les jours, pendant huit mois, je suis allée voir Suzanne chez ma mère, à Colombes.

Cela m'a permis de découvrir un appartement sublime, que j'ai d'ailleurs eu la grande joie de revoir récemment, sur l'invitation des héritiers du constructeur, des gens charmants, ses occupants actuels.

En attendant le tramway, j'avais remarqué une terrasse extraordinaire, au dernier étage d'un immeuble neuf, 93 bis, avenue du Roule, au rond-point d'Inckerman. Lasse de fantasmer sur cet appartement, je suis allée trouver le concierge lui demandant de me le faire visiter. Sur le palier où nous a débarqué l'ascenseur, passé une grille en fer forgé, s'amorçait un escalier privé orné de bacs à fleurs. Arrivés à l'étage, nous avons débouché sur un immense atelier vitré. S'ensuivaient chambres, couloir, salle de bains, cuisine... Un espace de rêve pour le couple que nous étions avec un enfant.

L'envie d'emménager là m'obsédait.

Régulièrement je retournais voir le sympathique concierge, M. Dechelette qui se trouvait être l'ancien maître d'hôtel de Réjane. Je lui donnais vingt sous, et il m'ouvrait la porte.

Henri, en homme pondéré, ne voulait pas s'endetter. Plus raisonnable que moi, il se montrait réticent :

« Enfin, ma petite gosse aimée, réfléchis ! Trois mille francs annuels de loyer, ce n'est pas très cher. On peut les trouver. Mais il faudrait aussi acheter des meubles. »

J'argumentais sans parvenir à le convaincre. Jusqu'au jour où j'ai trouvé le joint, tant j'en avais le désir.

Je savais que Saint-Granier, le directeur de la Pie qui chante, souhaitait lui-même déménager. Je l'ai invité à déjeuner avec sa femme. Et au cours du repas, benoîtement, j'ai branché la conversation sur le sujet :

« Jean, tu es toujours en quête d'un appartement ?

— Absolument. Je n'ai encore rien trouvé qui me plaise.

— J'en ai un pour toi. »

Et de me lancer dans une description enthousiaste, aussitôt interrompue par Henri :

« Je croyais que tu le voulais pour toi !

— Sans doute, mais puisque tu me le refuses...

— Pas du tout ! »

Une vraie rouerie de bonne femme. Piégé, Henri ne pouvait plus se dédire.

Nous avons vécu là deux ans de bonheur dense. Nous avons repris Suzanne. Nous recevions peu, tout au plus cinq ou six copains. Henri était un homme calme, aussi réservé que je suis expansive. C'est mon côté italien. On s'agite, on fait du bruit, on s'exprime avec les mains. Je suis civilisée, mais je m'extériorise.

Henri travaillait beaucoup. Il observait de longs silences. Il lui arrivait de me prévenir, avant une soirée :

« Aujourd'hui je parlerai peu. Tu ne t'en étonneras pas. »

J'étais heureuse. Gâtée, choyée par cet homme parfois bourru mais d'une délicatesse profonde, je voyais mes contrats se succéder. J'ignorais que le destin s'apprêtait à me frapper en plein cœur. La guerre venait de prendre fin.

La Gaîté-Lyrique

Au moment de l'Armistice, je jouais le soir à l'Athénée *la Petite Femme de Loth,* opérette qui m'a permis de franchir un pas capital dans mon métier, car la presse a alors commencé à parler de moi.

« ... la britannique fantaisie de Mlle Grey. »

Mlle Denise Grey :

« ... nous a révélé une vraie nature en servante de Dagar. »

« ... n'avait pas dit trois phrases du rôle de Tissa que toute la salle l'applaudissait. »

« ... révèle de précieux dons de diction et de mimique amusante. »

« ... représente cette délicieuse Tissa avec légèreté, gaieté, intelligence. »

« ... nous a amusés. Sa diction est simple, nette, mordante. Ses gestes sont comiques sans qu'elle tombe dans la caricature disgracieuse. Cette petite servante de Dagar fera son chemin si elle continue à être sincère. »

J'ai conservé ce premier dossier qui insiste sur certaines qualités. Je n'ai jamais eu à travailler ma diction. En revanche, j'ai toujours beaucoup travaillé mes rôles. Je crois que, pour être comédien, il faut au départ avoir des dons, le talent consistant plutôt en l'art d'utiliser, manipuler ces dons de manière à en tirer quelque chose. Le travail est indispensable, naturellement. Mais un comédien qui n'a pas certains dons, une espèce d'aura, même en s'acharnant, n'arrivera malheureusement à rien.

Je relève cet autre éloge, assez « piquant », aux intentions plus obscures : « Denise Grey, la plus gaie et la plus spirituelle soubrette de tous les bureaux de placement de Gomorrhe, nous fit admirer tout ce que l'on pouvait attendre autrefois d'une bonne à tout faire (*sic*). »

L'essentiel était qu'on parlât de moi.

J'avais obtenu ce rôle, confié en principe à Mme Clara Tambour, parce que cette dernière, faisant la difficile, avait quitté une répétition en claquant la porte. Lassé de ses humeurs, l'auteur (qui n'était pas des moindres puisqu'il s'agissait de Tristan Bernard, Claude Terrasse signant pour sa part le livret musical) m'a désignée pour la remplacer en marmonnant dans sa barbe, avec ce timbre de voix si particulier qui était le sien, et que je saurais encore imiter :

« Eh bien, moi, ça m'est égal qu'elle soit partie. Je veux la petite qui est là-bas. »

Ce rôle de soubrette m'a valu d'être remarquée par Mme Marguerite Carré. S'étant prise d'amitié pour moi, elle m'a ensuite imposée pour le rôle d'Oreste dans *la Belle Hélène* (rôle masculin, attribué traditionnellement à des femmes, pour une raison que j'ignore).

Je tenais hélas le premier rôle à ce moment-là au théâtre des Capucines, remplaçant Mme Charlotte Lysès qui s'était récusée. Et j'étais sous contrat.

Coupant court à mes hésitations, Henri a tranché :

« Un dédit, ça se paie. Et je suis là pour ça. Si tu préfères jouer Oreste, n'hésite pas. »

J'avais donc signé. Et le théâtre des Capucines fermant pour l'été, je répétais tous les jours *la Belle Hélène* à la Gaîté-Lyrique lorsque le drame est arrivé.

L'ambition d'Henri, qui travaillait pour Hispano-Suiza, était de battre en hors-bord le record établi par son ami Nungesser, ce héros qui, bien que handicapé à la suite d'un effroyable accident en 1916, avait recommencé à voler, totalisant à la fin de la guerre 48 victoires homologuées.

Henri m'avait dit :

« Il a fait du 90 avec son engin. C'est bien. Moi je ferai du 100. »

Il comptait fixer un moteur d'avion sur son bateau. Un après-midi, il m'annonça que la mécanique étant prête, il procéderait le lendemain au premier essai.

Il est parti sans moi, au matin du 13 septembre 1919. Le spectacle de *la Belle Hélène* devait débuter le 4 octobre. Je ne pouvais manquer une répétition.

Je ne l'ai pas revu. Le moteur a explosé, l'éjectant du canot. Son corps est resté une semaine au fond de l'eau. Je n'ai même pas eu le droit d'assister à ses obsèques, tout au plus de les suivre du haut de mon balcon.

Le soir de l'accident, je suis rentrée à la maison normalement, un peu intriguée d'avoir croisé en chemin le chauffeur d'Henri seul dans l'Hispano. Henri avait-il changé d'idée ? Il devait me rejoindre. Peut-être dînerait-il finalement chez ses parents.

Aucun message ne m'attendait. J'ai donné son bain à ma fille. Elle a dîné. Puis nous sommes descendues chez notre voisine du cinquième étage, Mme Laroche, qui s'était attachée à elle et à qui je la confiais de temps à autre pour la nuit.

C'est là que ma petite bonne est venue m'appeler.

Arrivée devant ma porte, j'ai compris qu'un malheur s'était produit en apercevant, alignés au bas des marches, outre le chauffeur d'Henri et notre ami Charles-Henri Dunkel, ma mère, qu'on était allé quérir à Colombes.

Près de soixante-dix ans ont passé, et je revois encore cette scène comme si elle s'était déroulée hier, de même que le couvre-lit en dentelle, seule réalité tangible et supportable, auquel mon regard s'est rivé lorsqu'on m'a conduite dans notre chambre.

De douleur, j'ai perdu la raison. Je suis restée plusieurs jours prostrée. Henri adorait jouer aux échecs. Je fixais les grands carreaux noirs et blancs du tapis qui ressemblait à un damier. Ma mère, pour m'obliger à réagir, déposait ma fille devant moi.

« Occupe-toi de Suzon ! »

Le théâtre m'a sauvée, comme l'affection de mes amis. Marguerite Carré a su trouver les arguments pour me secouer :

« Ecoute, tu as une fille à élever, une mère à soutenir. Tu as des rentes ? Non. Alors il faut que tu travailles. »

Tous les jours, en compagnie de Max Dearly, elle est venue me chercher en taxi pour m'emmener répéter. A la Gaîté-Lyrique on me dorlotait. On fleurissait ma loge. Et, le temps du spectacle, la musique d'Offenbach me délivrait de mes angoisses.

Ainsi épaulée, j'ai pu jouer normalement la générale. J'ai simplement reçu le rideau sur la nuque lorsqu'il est tombé car je suis restée figée à ma place, hallucinée, à regarder le fauteuil occupé habituellement par Henri, espérant y découvrir sa silhouette familière.

La mort d'Henri, outre la peine atroce que j'en éprouvais, me valait tout un lot de difficultés que je n'avais pas soupçonnées. Je me retrouvais seule, à vingt-trois ans, avec la responsabilité d'une fille et d'une maman. Henri n'avait pas eu le temps de m'épouser comme il en avait l'intention. Lorsque je l'avais connu, il vivait avec une autre femme dont il avait un enfant. Je me souviens qu'un jour je l'avais accueilli, du haut de nos marches, en lui disant :

« Toi, tu viens de te marier !

— Comment le sais-tu ?

— Je le sens. »

Conscient de ses responsabilités à l'égard de cette femme et de sa fille, il avait voulu régulariser d'abord leur situation, afin que ses parents pussent s'occuper d'elles. Il aurait ensuite divorcé pour m'épouser !...

L'annonce de ce mariage m'avait porté un coup terrible, mais je respectais ses décisions. Cette mort prématurée l'empêchait hélas de mettre à exécution la seconde partie de son projet.

On n'avait pas encore repêché son corps que son beau-frère menaçait déjà de m'expulser. Pour me défendre, notre ami Charles-Henri Dunkel (qui est devenu mon mari vingt-cinq ans plus tard) fit intervenir le commissaire de police de Neuilly. Ce dernier procéda à une fouille en règle et découvrit le testament d'Henri reconnaissant l'existence de notre fille et établissant ma propriété sur nos meubles et mon droit de garder l'appartement.

La vie doucement a repris. Une autre difficulté m'attendait.

Mme Berthez, la directrice du théâtre des Capucines, me réclamait 15 000 francs de dédit pour n'avoir pas honoré mon contrat. Je tentai de plaider ma cause auprès d'elle, mais elle resta insensible et je dus payer jusqu'au dernier centime. Je ne l'ai revue qu'une fois, en 1943. Je jouais alors *Une femme par jour*. Elle a voulu me féliciter après le spectacle. J'ai refusé de serrer la main qu'elle me tendait.

« Non, Madame, pas vous ! »

Son grief principal, à mon égard, tenait à mon refus de me joindre aux petites festivités qu'elle donnait dans l'intimité. Pour se venger, elle n'avait pas hésité à aller jusqu'au procès.

Habitée par le chagrin, je me débattais avec tous ces problèmes. Mais le public ne s'en apercevait pas. J'étais une comédienne drôle, gaie, enjouée, et devais le rester.

Le rôle d'Oreste, en outre, me valait un énorme succès. Un succès de belles jambes, à vrai dire, plus qu'un succès de chanteuse. Je plaisais. Certains spectateurs apportaient des jumelles au théâtre. Je recevais des lettres d'admirateurs manifestant leur intérêt sans ambiguïté : « J'attends que votre pantalon craque... » Jusqu'à l'égérie d'Offenbach, Hortense Schneider, une forte femme, rousse, déjà âgée, vêtue avec l'élégance d'une autre époque, passée dans les coulisses après le spectacle encourager les artistes. Elle m'a tapoté l'épaule :

« Très bien, très bien, mon petit. Vous réussirez : vous avez de belles jambes ! »

Je ne méritais pas d'autre compliment. Chanter :

Au cabinet du labyrinthe
Cette nuit souper, mon Dieu,
Avec les dames de Corinthe
Tout ce que la Grèce a de mieux...

ne nécessite pas, en vérité, une voix exceptionnelle, mais enfin je chantais faux.

J'avais trop de peine pour y prêter attention, mais j'étais alors l'objet, de la part de certains, d'une cour pressante. Je pense en particulier à l'un de mes admirateurs qui s'évertua, plusieurs jours de suite, à fleurir somptueusement et anonymement ma loge. Je commençais à être sérieusement intriguée quand un soir, à ma sortie de scène, se présente un superbe officier étranger, roulant fortement les *r*. Il s'incline devant moi avec un claquement de talons :

« Madame, ces gerbes vous sont adressées par un des officiers de la suite du prince Alexandre de Serbie très désireux de déjeuner avec vous. »

Je préfère la clarté. Ma réponse fuse :

« Merci non. Dites à ce Monsieur de ma part que je ne déjeune ni ne couche en ville. »

Le lendemain, même heure, nouvelles corbeilles, surgit le même colonel :

« Madame, ce n'est pas un de ses officiers, mais le Prinz lui-même qui souhaite vous inviter à déjeuner.

— Ma réponse reste la même. Mais remerciez-le pour ses fleurs. »

Les envois se sont poursuivis. Et puis un dimanche matin, comme je m'activais paisiblement dans mon appartement, ma petite bonne affolée est venue me tirer de ma salle de bains :

« Madame, il y a un monsieur dans l'escalier ! »

Les bandits autrefois ne déboulaient pas chez vous comme maintenant. Je ne prenais jamais la peine de fermer ma grille d'entrée.

En peignoir, la tête hérissée d'épingles « Dona » (les bigoudis de l'époque), mon bébé hurlant dans les bras, je l'ai suivie pour découvrir mon beau Serbe planté sur le palier. Toujours aussi raide et aussi impassible, insensible apparemment à l'incongruité de la scène, il me déclare d'un air solennel :

« Madame, le Prinz m'envoie vous chercher. Il vous emmène dans son pays. »

J'ai refusé poliment de m'exiler, et après quelques explications laborieuses, il est reparti.

J'ai dû me montrer convaincante. Du moins son rapport a-t-il douché l'impétuosité de son maître. Les envois de fleurs se sont arrêtés là. Je n'ai plus jamais eu de nouvelles du Prinz, si ce n'est bien des années plus tard, par la radio : devenu Alexandre Ier

de Yougoslavie, il avait été assassiné à Marseille, en même temps que le ministre français Louis Barthou, par des terroristes croates.

Mes performances en scène, heureusement, me réservaient des satisfactions autrement plus importantes pour moi.

Ainsi, encouragés par mon succès dans le rôle d'Oreste, les directeurs de la Gaîté-Lyrique m'ont signé sans hésiter, après *la Belle Hélène,* un contrat de trois ans.

Du travail assuré pour trois ans, à raison de 4 000 francs par mois ! Mon horizon s'éclairait. J'avais les moyens de mieux installer ma mère. J'ai eu la chance de pouvoir acheter une petite maison, voisine de la sienne. J'ai réuni les deux jardins pour lui offrir une jolie propriété. Les maisons ont toujours été ma marotte.

« Qu'aimeriez-vous chanter ? » m'avaient demandé les directeurs.

« Je ne sais pas chanter. »

Ils m'ont confié Miss Heyliett. Après la Grèce antique, l'Amérique. Puis le Japon, avec *la Geisha.* Je voyageais vite et bien. Nouveaux succès. J'étais drôle. Mon culot amusait.

J'ai ensuite joué *Nelly,* une opérette écrite par le musicien Marcel Lattès, un homme charmant devenu un ami, au cours de laquelle il m'est arrivé une mésaventure dont je rougis encore mais qui a enchanté le public, un de ces incidents comme il s'en produit quelquefois au théâtre.

Je portais, dans le premier acte, une très jolie robe en organdi rose, une sorte de voile léger, sur un fourreau de satin beige clair. Le soir de la générale, à la fin du premier acte, distraite par les applaudissements qui saluaient mon duo avec Félix Oudart, je quitte la scène en oubliant de prononcer la phrase indispensable pour assurer l'enchaînement avec le deuxième acte. Ravie de mon succès, je monte dans ma loge, j'entreprends de me déshabiller, et je m'entends appeler :

« Grey ! Grey ! Grey !

— Qu'y a-t-il ?

— Ta chute ! On t'attend ! »

En hâte, je réenfile l'organdi, sans me rendre compte que je n'ai pas mis le fond de robe, et je me précipite en scène pour lancer fièrement ma tirade. C'est alors seulement que je me suis rendu compte que je n'étais pas vêtue, mais pratiquement nue en transparence, et que tout le monde pouvait le voir. Sans demander mon reste j'ai filé dans les coulisses.

Délire dans la salle, comble comme tous les soirs. Et franche rigolade chez mes camarades.

Deux événements personnels importants ont aussi marqué mon passage à la Gaîté-Lyrique : je suis partie une première fois en tournée et j'ai obtenu la nationalité française.

C'est Louis Verneuil qui m'a proposé cette première tournée. Je l'ai connu lorsqu'il s'est présenté un soir dans ma loge pour me proposer de créer *Mademoiselle ma Mère,* avec Gaby Morlay, au théâtre Fémina. Gaby Morlay tiendrait naturellement le premier rôle, et celui qu'il me réservait m'intéressait fort. Je rêvais de quitter l'opérette pour jouer la comédie. Je n'allais pas laisser passer une si belle occasion. J'ai demandé un congé à mes directeurs qui ont bien voulu me l'accorder, et j'ai pu jouer cette pièce qui a connu un grand succès.

Nous avions une distribution formidable : outre Gaby Morlay, Lucien Barrou, André Lefaur, Félix Galipaux...

Galipaux m'apparaissait comme un personnage d'une autre époque. Il arrivait à la fin de sa carrière, ayant surtout joué avant-guerre. Je n'ai pas oublié un de ses travers : d'une avarice extrême, il retournait les enveloppes pour les réutiliser, récupérant même les nôtres quand nous recevions du courrier :

« Tu n'oublieras pas de me donner l'enveloppe ! »

André Lefaur, pour sa part, merveilleux comédien de boulevard, avait beaucoup d'esprit.

Je ne paraissais pas au deuxième acte. Seuls étaient en scène Gaby Morlay interprétant une petite poule que sortait un Monsieur (André Lefaur) et Félix Galipaux, le maître d'hôtel, personnage évoluant avec une discrétion parfaite dans ce décor de cabinet particulier d'un grand restaurant, sachant s'éclipser au moment voulu.

Un soir que j'attendais dans les coulisses le moment d'entrer en scène, je vois surgir, très agité, Harry Baur, ami de Lefaur. Il m'interpelle :

« Où est André ?

— Il joue.

— Il en a pour longtemps ?

— Plutôt, oui. Le deuxième acte vient seulement de commencer.

— Il faut que je le voie !

— Mais que faites-vous ?

— Je vais lui parler ! »

Harry Baur était connu, à l'époque. Je le vois tirer son chapeau de côté pour se masquer le visage, et il entre en scène où il s'adresse à Lefaur de dos :

« Je vous demande pardon, Monsieur...

— Mon ami ? »

André se retourne et le reconnaît :

« Que désirez-vous ?

— Je viens pour les nouveaux rideaux. Pardonnez-moi de vous déranger, mais il faut que vous me donniez les mesures... »

André Lefaur s'est alors approché d'Harry Baur, et ils se sont entretenus un moment à voix basse. Il faut le faire !

Tant de désinvolture suppose beaucoup de talent.

Le public n'y a vu que du feu. L'urgence susceptible de motiver une telle intervention? Lefaur avait chargé Baur de lui trouver une propriété à acheter dans la région de Fontainebleau et le vendeur potentiel exigeait une réponse immédiate...

Comme la pièce allait s'arrêter, Louis Verneuil m'invite à déjeuner au Fouquet's pour m'annoncer :

« Ma petite Denise, la pièce part en tournée cet été. J'aimerais bien que vous veniez avec nous. »

Je me renseigne sur les conditions.

« Je vous propose 150 francs par jour. »

Je vais pouvoir louer pour l'été une petite maison sur la côte pour ma mère et ma fille qui prendront ainsi des vacances. J'accepte sans hésiter. Nous signons le contrat. Et je découvre l'anomalie :

« Verneuil, il manque le supplément pour les hôtels.

— Inutile. Vous partagerez ma chambre.

— Il n'en est pas question! »

Je refusai de me laisser convaincre. Pour se libérer de notre contrat, Verneuil est alors allé trouver les tournées Baret, et il a payé la différence pour qu'elles m'engagent aux mêmes conditions. Les tournées Baret seules ne m'auraient jamais offert le prix dont nous étions convenus.

C'est ainsi qu'en 1920 je suis partie pour ma première tournée. Je n'en garde pas un souvenir exaltant.

Les tournées à l'époque s'effectuaient en train. Tous ces voyages étaient très fatigants. On ne trouvait pas toujours de porteurs et les bagages étaient lourds car on transportait soi-même la totalité de son équipement : outre ses propres vêtements, ses costumes de scène, le nécessaire à maquillage... Personne ne vous réservait d'hôtel. Il fallait se débrouiller seul. Pas d'habilleuse non plus. On se coltinait le repassage.

J'ai adoré les tournées, mais plus tard, après la Seconde Guerre mondiale, quand elles sont devenues plus confortables.

Cette première tournée, dans l'ensemble, m'a paru assez pénible. Comme j'étais tête d'affiche, je voyageais au départ seule en première. Je m'embêtais à mourir. Je suis vite allée rejoindre mes camarades en seconde.

Nous passions dans des villes que j'avais visitées avec Henri, et j'avais un cafard monstre. En outre, le jeune premier que je devais embrasser avait une haleine pestilentielle. Je n'ai jamais pu m'exécuter. Je m'en suis tirée en suggérant :

« Tendez-moi plutôt votre joue. »

Pour couronner le tout, un jour qu'assise sur mes deux valises j'attendais un train en gare d'Avignon en lisant le journal, j'ai pris conscience des tensions qui s'accentuaient entre la France et l'Italie. Et les angoisses ont commencé. J'étais toujours italienne, mais ma fille, reconnue par son père, était française. Qu'allait-il advenir d'elle si on m'expulsait ?

Ce problème m'obsédait toujours quand, la tournée terminée, j'ai repris ma place à la Gaîté-Lyrique. Je n'avais encore que vingt-quatre ans. J'ai consulté le directeur qui m'a d'abord répondu :

« Tu n'as qu'à te faire naturaliser. »

J'ignorais tout de la marche à suivre. Il m'a conseillée.

J'ai donc adressé une demande au garde des Sceaux. Un an plus tard, sans réponse, je me désespérais.

Sur son conseil encore, un après-midi, je me suis présentée place Vendôme, au ministère de l'Intérieur. Là, un huissier m'a arrêtée :

« Que voulez-vous mon petit ? »

(J'avais l'air d'une môme.)

« Voir le ministre.

— Vous avez rendez-vous ?
— Non.
— On ne peut pas voir le ministre comme ça. Il faut prendre rendez-vous. »
Brave homme, voyant mon désespoir, il m'a questionnée :
« C'est à quel sujet ? Je peux peut-être vous aider. »
Je lui ai expliqué mon cas.
« Je suis italienne, seule pour élever ma petite fille qui, elle, est française. Voilà plus d'un an que j'ai demandé ma naturalisation, et on ne me répond pas.
— Ecoutez, je serais étonné qu'on vous accorde la naturalisation si vous n'êtes pas pistonnée. Car en ce moment ça va très mal entre la France et l'Italie. »
Je rentre à la Gaîté-Lyrique en pleurant comme une Madeleine, et je trouve dans le couloir Christiane Lorrain, la première danseuse, une jeune femme ravissante, maîtresse du prince Radziwill.
« Qu'as-tu ? Que se passe-t-il ? »
Je lui raconte mon histoire.
« Attends, on va arranger ça. Le ministre de l'Intérieur est un copain à moi. Je vais lui téléphoner. »
Je m'imagine qu'elle plaisante, mais trois jours plus tard le ministre en personne m'appelle :
« Une amie m'a fait part de vos ennuis, et je veux bien vous recevoir. »
Il me fixe rendez-vous un matin à son domicile. J'arrive à l'heure dite. Un valet de chambre m'introduit dans une bibliothèque somptueuse, où patiemment j'attends une bonne heure et demie. Paraît enfin un monsieur, l'air un peu ahuri, en pyjama mauve, le poil en bataille, genre saut du lit. Il s'installe derrière son bureau et entreprend de me questionner d'un ton paternel avant de faire le point sur ma situation :

« Mon petit, je ne suis pas ministre depuis très longtemps, c'est donc mon prédécesseur qui a refusé votre dossier. Je peux sans doute le débloquer si vous pouvez me fournir des certificats établissant que vous êtes une bonne Française.

— Monsieur, j'ai fait une gosse qui, elle, est française. C'est déjà une preuve, non ?

— Ça ne suffit pas. Il me faudrait, disons, trois attestations émanant de personnalités françaises. Voyons, vous connaissez bien quelqu'un dans votre métier...

— M. Albert Carré, le directeur de l'Opéra-Comique. Je suis assez liée avec sa femme.

— Bien !

— Il y a aussi un grand banquier, M. Maurice Lattès, le père d'un ami.

— Très bien !

— Et Maurice Donnay, par exemple, de l'Académie française.

— Parfait ! Nous tenons nos trois attestations. »

Je pousse un soupir de satisfaction. Et comme je commence à le remercier, voici soudain qu'il se lève, contourne son bureau et se jette littéralement sur moi.

Coincée par mon fauteuil et l'angle de la bibliothèque, je l'ai repoussé comme j'ai pu, le frappant à grands coups de tom-pouce, petit parapluie à la mode du moment que j'avais eu la bonne idée d'emporter avec moi ce matin-là.

Mon agresseur a reculé.

« Vous avez de drôles de manières, Monsieur, pour un ministre. »

Puis il s'est excusé pour conclure :

« Mademoiselle, si vous voulez revenir m'apporter votre dossier...

— Je le déposerai chez votre concierge. J'ai très envie d'être française, mais à ce prix-là, non ! Si vous voulez le signer, tant mieux. Sinon, je resterai italienne. Adieu, Monsieur ! »

Je n'ai pas livré moi-même mon dossier. Je l'ai fait déposer. Mais il a fait le nécessaire. Et c'est ainsi qu'à vingt-cinq ans je suis devenue française.

Le Palais-Royal

En débutant aux Folies-Bergère comme figurante pour 30 francs par mois, je m'étais promis que si je n'en gagnais pas 150 à trente ans, je changerais mon fusil d'épaule. Je n'ai pas eu l'occasion de changer de métier. J'en ai parfois du regret, car un comédien lorsqu'il disparaît ne laisse rien derrière lui. Au plus quelques films. Mais surtout, j'aurais aimé m'occuper des femmes, les rendre jolies avec des chapeaux ou des robes.

J'admire les grands couturiers. Et j'apprécie l'élégance. Au point qu'en sortant de chez mon dentiste, voici quelques années, avenue Victor-Hugo, j'ai arrêté une inconnue pour la féliciter sur sa toilette :

« Pardonnez-moi de vous aborder ainsi, mais si peu de femmes savent encore s'habiller ! Vous êtes la femme la plus élégante que j'aie vue depuis des lustres. Et je voulais vous le dire. »

Je l'ai laissée sidérée. Elle avait réellement beaucoup d'allure. Il est vrai qu'elle portait un chapeau. Le chapeau peut embellir une femme d'une façon extraordinaire. Pas celui de l'époque 1900 sur lequel on mettait un peu de tout : des fleurs en pagaille, des oiseaux, des légumes. Mais la capeline, par exemple. Et les voilettes...

Pour ma part, dans les années 20, j'étais habillée, en scène comme à la ville, par Jean Patou que m'avait fait connaître Gaby Morlay.

Lorsque je m'étais présentée, il avait d'abord décrété :

« Mon petit, si vous voulez porter mes robes, il faut me raboter ces fesses-là. Ensuite vous reviendrez me voir. »

Je me suis alors prescrit moi-même une cure amaigrissante. Le matin, un café. A midi une grillade et un légume vert — sans beurre. Le soir un bout de jambon et une pomme.

Ce régime brutal me valut, entre autres, un abcès placé sous l'ongle d'un orteil qui me faisait si cruellement souffrir que je ne portais plus que des sandales. Je jouais à ce moment-là une opérette, *J' te veux* avec Milton, au théâtre Marigny, qui s'achevait sur une java. Un soir que j'endurais le martyre (je ne pouvais prendre appui que sur une jambe), je suis allée trouver mon partenaire :

« Je t'en supplie, ne bisse pas. J'ai trop mal !

— Je te le promets... »

Nous entrons en scène. Tout se déroule à peu près bien. En final, nous dansons. Les gens nous applaudissent. Ils nous rappellent. Et Milton, sans réfléchir, se reprend à gambiller et saute sur mon pied blessé. Du coup, il m'a guérie. L'abcès a éclaté, et j'ai été aussitôt soulagée.

Mais j'avais fondu de façon si spectaculaire que mes amis se sont inquiétés :

« Tu es sûre que tu n'es pas malade. Tu n'as pas bonne mine. Tu ferais bien d'engraisser un petit peu. »

Je suis revenue à un mode d'alimentation plus

normal, d'autant que j'avais suffisamment minci pour retourner chez Patou.

Nous avons passé une sorte de contrat, d'usage courant à l'époque pour les comédiennes : il m'habillait, je me montrais. Je faisais sa publicité.

Il était temps également que j'apprenne à recevoir, comme me le fit remarquer Félix Gandera qui avait apporté chez moi le texte d'une de ses pièces, stupéfait de découvrir un cadre aussi sympathique.

« Ma petite fille, quand on est jeune comédienne et qu'on a la chance d'habiter un appartement comme le vôtre, il faut inviter. »

Il avait sûrement raison. Mais qui inviter ?

Je suis descendue consulter Mme Laroche, ma fidèle amie du cinquième.

« Denise, vous connaissez forcément des auteurs.

— De nom, principalement. Pas pour les avoir rencontrés.

— Envoyez toujours quelques cartons. Vous verrez si on y répond. »

J'ai invité une dizaine de personnes. Toutes ont accepté. Je paniquais un peu quant à l'organisation des festivités. Et les présentations ? Je n'avais aucun savoir-vivre.

Là encore Mme Laroche m'a conseillée. J'ai commandé mon premier dîner chez un traiteur, et j'ai demandé au concierge, Dechelette, d'officier pour moi.

Je me croyais parée, mais quand il a écarté les rideaux nous séparant de la salle à manger en annonçant « Madame est servie ! », j'ai brusquement perdu mon sang-froid. Et songeant : « Je ne sais pas jouer ce rôle, je ne pourrai jamais aller jusqu'au bout », je me suis exclamée :

« Allons-y, les enfants, la soupe est sur la table ! »

Miraculeusement l'atmosphère s'est détendue.

Ma soirée a été une réussite. Tous les gens que j'avais conviés sont devenus des amis.

J'avais un esprit à moi, celui de la rue, un esprit poulbot. J'interprétais mon personnage, et tout le monde a senti qu'il était vrai.

J'ai appris à cette occasion que si une certaine éducation est nécessaire quand on veut changer de monde, on peut aussi, avec un peu d'humour tout en observant une certaine discrétion, se trouver à l'aise partout en restant soi-même.

Je me souviens ainsi avoir été invitée, bien des années plus tard, à un cocktail à l'ambassade de Suisse. Le temps était épouvantable. J'avais les pieds gelés dans mes escarpins qui me faisaient horriblement mal. Et pas une chaise à l'horizon.

Passe l'ambassadrice qui s'enquiert :

« Madame Denise Grey, puis-je souscrire à l'un de vos désirs ?

— Je voudrais bien me poser.

— Moi aussi. »

Cette femme a appelé le maître d'hôtel, nous a fait ouvrir un salon où nous nous sommes assises. On nous a apporté des petits fours. Nous avons bavardé un moment. Quand elle m'a quittée, elle m'a remerciée :

« Grâce à vous, j'ai pu me reposer une demi-heure. »

Je l'ai trouvée fort aimable, mon seul mérite étant d'avoir exprimé un vœu des plus naturels.

Après mon départ de la Gaîté-Lyrique, j'ai craint un moment, ayant interprété une très mauvaise pièce (*T'auras pas sa fleur* — quel titre !) qui m'avait valu une critique épouvantable dans *Comoedia,* que mon succès s'arrêtât là. Mais le directeur du théâtre de l'Athénée, Lucien Rosenberg, est venu me chercher pour jouer avec lui *Atout cœur,* et j'ai signé un nouveau contrat de trois ans.

La femme de Rosenberg, Madeleine Sauriat, faisait également partie de la distribution, mais il m'a fallu me défendre contre Rosenberg qui voulait absolument m'embrasser pour de vrai.

Il ne me paraît pas anormal que face à une jeune femme pas trop mal foutue, pas trop moche, les hommes fassent leur métier d'homme, mais je n'ai jamais supporté d'embrasser mes partenaires. Il y a une technique qui permet d'éviter la bouche de son partenaire, et que j'ai toujours pratiquée : on lui bloque les lèvres avec son pouce. Le public croit que ce fameux pouce est sous son menton et qu'on lui caresse amoureusement le visage.

Rosenberg se montrait plus qu'insistant. Mais je n'ai jamais cédé. Nous ne nous sommes pas fâchés pour autant. Dieu merci, on peut refuser d'accorder certaines privautés sans se brouiller nécessairement.

Il faut avouer qu'il était d'une fatuité assez exceptionnelle. Je l'ai entendu s'exclamer, comme je repoussais en sa présence un auteur qui, la veille d'une générale, tentait de me caresser le cou :

« Ne vous fatiguez pas, mon cher, avec elle j'ai échoué. »

Et Rosenberg d'ajouter :

« Ça, c'est un brevet. »

Atout cœur évoque un autre souvenir. J'étais une petite modiste, maîtresse d'un châtelain. Le texte me mettait soudain en présence de l'épouse de mon amant, et de surprise, je devais prononcer le mot « merde ! ».

Je vois paraître un soir dans ma loge un homme d'allure modeste. D'emblée, il me tutoie :

« Tu ne me reconnais pas ? C'est pourtant moi qui t'ai appris à dire ce mot qui fait maintenant ta fortune ! Tu avais cinq ans. »

Gamine, je l'appelais mon « Papa des courants d'air » ! C'était un employé qui déjeunait à la cantine voisine. Passant devant moi, assise sur les marches de la loge de la concierge, il me demandait régulièrement :

« Dis-moi merde, et je te donne un sou ! »

Après plusieurs pièces à l'Athénée, je suis partie jouer un vaudeville aux Folies-Dramatiques. C'est ainsi que j'ai rencontré Raimu.

Théodore et compagnie est la seule pièce que nous ayons jouée ensemble. Je le regrette, mais il a été pris par le cinéma, et moi par le théâtre. Quel comédien exceptionnel ! Il avait l'instinct. Il savait exactement comment placer un effet pour déclencher le rire du public.

« Ecoute, Denise, m'avait-il indiqué au cours d'une répétition, quand je te dirai : " Pouffe-toi là ! " tu t'installeras comme je vais te le montrer, et les gens rigoleront. Ils ne pourront pas résister. »

Il ne se trompait jamais.

C'était un être étonnant. Terriblement égocentrique, un personnage truculent, et tellement drôle !

Nous sommes devenus d'excellents copains. De temps à autre, il me lançait un coup d'œil de côté, et remarquait de sa grosse voix colorée d'accent marseillais :

« Toi, tu es une drôle de fille, hein ? »

Un après-midi, il est monté dans ma loge, épuisé, me conter sa dernière fredaine :

« Ah, mon Dieu, mon Dieu, quand je pense qu'à 4 heures j'étais encore un homme avec tout son esprit, et me voici comme une pauvre lavette ! Ah, cette Madeleine, comme je lui en veux ! »

La Madeleine en question était sa maîtresse, naturellement.

Je l'ai invectivé :

« Dis donc, Jules, tu ne trouves pas que tu y vas un peu fort ? Maintenant tu reproches à la bonne femme de t'avoir fatigué ? »

Je garde surtout de Raimu le souvenir extraordinaire de vacances passées, deux ou trois étés plus tard, chez une amie commune, la comédienne Marcelle Praince.

Je n'aime pas le monde, je ne l'ai jamais aimé, du moins je n'aime pas la foule qui s'entasse sur les plages, et j'avais accepté avec bonheur la proposition de Marcelle Praince de séjourner avec ma fille dans sa propriété de Corrèze, au bord de la Vézère.

Elle avait ouvert sa maison à d'autres comédiens. Nous étions tout un groupe. Nous organisions des balades dans les bois, en nous enveloppant les chevilles dans des bandes Velpeau pour nous protéger des vipères.

« Et alors ? criait Raimu. Qu'est-ce que tu fous là-haut ? Tu descends ? Moi, il faut que je m'en aille, sinon je vais attraper la congestion. Et je ne veux pas attraper la congestion. »

Il détestait les promenades, ne s'intéressant, à vrai dire, qu'à la nourriture. La table était fort bonne.

Nous avons vécu ainsi une dizaine de jours. Et puis il a fallu que je rentre à Paris. Je devais jouer au Palais-Royal. Le directeur m'attendait pour signer mon contrat. Je décidai de laisser ma fille. Marcelle Praince m'offrait gentiment de la garder. Et au cours du déjeuner, je demande à Raimu :

« Peux-tu m'accompagner à la gare ?

— Espèce d'andouille, je ne vais pas te mettre dans le train puisque je repars à Paris en voiture. J'emmène l'Oncle, et tu viens aussi. »

L' « Oncle », bien sûr, n'était pas son oncle, mais un de ces parasites vivant à ses crochets qu'il traînait toujours derrière lui.

Je résiste un peu. Je ne peux me permettre de manquer ce rendez-vous. Raimu me jure que nous arriverons à Paris dans les temps. Bref, nous embarquons, lui, l'Oncle et moi, dans la Turcat-Méry.

A la hauteur d'Argenton-sur-Creuse, pris d'une soif intense, il s'arrête, gare la voiture en bord de route, et nous entrons dans une auberge... pour découvrir, au moment de repartir, que la voiture a disparu !

Dans sa hâte, il avait oublié de mettre le frein, et elle avait dévalé la pente toute seule stoppant en bas dans un talus.

Pas de casse. La circulation d'alors, heureusement, n'était pas celle d'aujourd'hui. Raimu récupère son bien, et nous poursuivons notre chemin.

Je remarque, au bout d'un moment, qu'il se frappe régulièrement la poitrine avec le poing. Toc-toc-toc !

Agacée, je m'étonne :

« Enfin, Jules, à quoi joues-tu ?

— Je vais te le dire. Cette voiture, je l'ai depuis peu, et je ne sais pas la conduire. Nous venons déjà de frôler la catastrophe. J'ai tellement la trouille que pour me protéger, dans les tournants je me touche le bout de bois que j'ai là, tu vois ? »

Un cœur de bois. Son gris-gris !

Je voyais les heures défiler avec angoisse. Raimu conduisait mal. De toute manière, l'état des routes n'autorisait pas les pointes de vitesse. Plus question d'arriver à Paris le soir.

A la nuit, nous atteignons Orléans. Là Raimu décide de chercher un hôtel. Tous pleins. Nous finissons par en dénicher un qui n'a qu'une chambre à deux lits avec salle de bains à nous offrir.

« On mettra l'Oncle dans la baignoire », décide Raimu.

J'interviens auprès de l'hôtelière :

« Madame, ce monsieur n'est ni mon mari ni mon amant. Pouvez-vous au moins nous prêter un paravent ?

— Certainement. »

Nous avons passé une nuit mémorable. Deux lits alignés contre la cloison, séparés par la porte et le paravent. Moi dans le mien, essayant de m'assoupir. Raimu se relevant à chaque instant et s'avançant jusqu'à l'écran :

« Denise, ne fais pas l'idiote. Laisse-moi venir !

— Non.

— Je t'en prie... »

Je n'ai pas dormi une minute.

Je m'amusais bien quand j'entendais Raimu, même vingt ans plus tard, continuer à énumérer ses conquêtes. Et malgré ces incidents de parcours, j'ai pu signer mon contrat, après avoir téléphoné de l'hôtel le lendemain matin au directeur du Palais-Royal pour décaler mon rendez-vous à l'après-midi.

Mais je ne suis pas passée directement des Folies-Dramatiques au Palais-Royal. Entre-temps, j'avais rencontré Victor Boucher. Il m'avait remarquée quand je jouais *Phili,* au théâtre Daunou, et il avait surgi un soir dans ma loge :

« Mademoiselle, j'étais dans la salle, je vous ai vue et ce que vous faites me plaît beaucoup.

— Monsieur, je suis confuse... Je vous remercie. »

Il m'offre de reprendre le rôle de Vivette créé par Mistinguett dans *l'Ane de Buridan,* proposition flatteuse pour la jeune comédienne que j'étais. Ravie, j'accepte, tout en précisant :

« Je ne suis pas libre immédiatement parce que je dois jouer *le Roi* à Bruxelles, avec Félix Huguenet, pendant un mois.

— Qu'à cela ne tienne. Nous vous attendrons. Nous ne sommes pas pressés car la pièce que nous avons actuellement marche très bien. »

Nous ne signons pas de contrat. J'ignorais qu'un malentendu allait jeter une ombre sur nos accords.

Sereine, je pars à Bruxelles où la presse est dans l'expectative, plutôt acide à mon égard.

Je reprenais dans *le Roi* le rôle d'Eve Lavallière qui l'avait créé. Les journaux titraient : « Il faut bien du courage à Mlle Grey pour assurer la succession d'une actrice aussi sublime. »

Sans me laisser décourager, j'ai pris conseil. Finalement c'est Jeanne Granier, la grande vedette du théâtre des Variétés, qui m'a mis le rôle au point. Elle expliquait de façon si merveilleuse que j'ai tout de suite compris. Le résultat a été formidable, la presse dithyrambique.

Et un soir, l'habilleuse des Galeries Saint-Hubert me demande si je peux recevoir M. Max Maurey, directeur du théâtre des Variétés.

« Dites-lui de venir après le spectacle. »

Max Maurey se présente :

« Je suis envoyé par M. Robert de Flers qui vous propose un rôle dans *le Bois sacré*.

— Impossible, je suis déjà engagée par M. Victor Boucher pour *l'Ane de Buridan,* pièce également de M. Robert de Flers.

— Justement, il préfère vous voir jouer *le Bois sacré*. »

Max Maurey, qui n'était jamais net et portait bien son surnom — « la vache-hésitation » —, finit par m'embobeliner. A vrai dire, je préférais le rôle qu'il m'offrait, qui me convenait beaucoup mieux. Je pensais aussi que Victor Boucher avait probablement changé d'avis puisqu'il ne m'avait pas envoyé de contrat. Enfin l'auteur devait pouvoir décider. Et je signe avec Max Maurey pour les Variétés.

Le Roi terminé, je rentre à Paris, où je commence à répéter. Et je reçois une lettre comminatoire de Victor Boucher :

« Mademoiselle, je vois que ma parole ne vous a pas suffi. Je peux vous assurer que si vous ne respectez pas la vôtre vous ne jouerez jamais plus avec moi... »

Je ne pouvais me fâcher avec un homme que j'appréciais et respectais beaucoup, un immense comédien. Mes camarades ont contacté l'auteur pour lui demander d'intervenir auprès de Victor Boucher. Robert de Flers n'a pas voulu :

« Je ne peux pas faire ce chagrin à Victor. »

Et j'ai dû me résoudre en pleurant à jouer *l'Ane de Buridan.*

Je ne m'en plains pas, car j'ai énormément appris avec Victor Boucher. Et par la suite nous avons connu nombre de succès ensemble.

Et puis j'ai reçu une lettre de Robert de Flers, que j'ai conservée :

« Ma chère enfant, j'ai passé l'âge de faire pleurer les femmes. Si vous voulez me faire le plaisir de déjeuner avec moi, nous nous expliquerons mieux... »

Il me fixe rendez-vous chez Voisin, rue Cambon, grand restaurant de l'époque.

« M. de Flers a réservé un cabinet particulier », m'annonce le maître d'hôtel.

Non sans inquiétude, je le suis, et je découvre un homme charmant, absolument adorable, qui veut seulement me consoler d'avoir dû abandonner un rôle qui me plaisait.

« Vous serez parfaite dans celui de Vivette. »

Sur mon assiette, un joli paquet enrubanné.

« Pour moi ?

— Oui, ouvrez-le. »

Je sors du papier un sac signé Isakov, la maison de la rue de la Paix, l'équivalent d'Hermès aujourd'hui.

Je remercie. Robert de Flers insiste :

« Regardez à l'intérieur. »

Je trouve 5 000 francs en billets, une somme rondelette pour 1923.

« Mais, Monsieur, ce n'est pas parce que j'ai du chagrin qu'il faut me rémunérer.

— J'ai beaucoup de peine de vous avoir fait de la peine, et je voudrais vous la faire oublier. »

Dans le sac, il y avait aussi une lettre délicieuse, me remerciant d'avoir joué merveilleusement *le Roi* à Bruxelles, m'établissant propriétaire du rôle de Youyou pour dix ans, quel que soit le théâtre qui reprendrait la pièce. Robert de Flers spécifiait même que, si un directeur refusait d'honorer ce contrat, il s'engageait à me verser sur ses propres deniers un dédit de 40 000 francs !

J'ai bel et bien touché ces 40 000 francs, mais trois ans plus tard. Et c'est un autre qui me les a donnés. Un homme que j'aimais et pour qui j'avais quitté momentanément le théâtre.

Nous dînons un soir tous les deux chez Drouant, et en regardant la page des spectacles dans un journal, je vois qu'on reprend *le Roi :*

« Zut ! Je perds 40 000 francs !

— Comment ? »

Il m'a suffi de lui raconter l'histoire.

Robert de Flers aurait voulu aussi que j'interprète Mme Sans-Gêne.

« Vous serez remarquable. Bonne sans être vulgaire. »

Il m'avait imposée au directeur de la Porte Saint-Martin, M. Lehman.

« S'il ne vous donne pas ce rôle, je porte ma pièce ailleurs. »

Je suis donc allée voir le directeur pour signer mon contrat, et comme il me faisait attendre et que j'avais un train à prendre, j'ai laissé un message lui demandant de m'envoyer le document par la poste.

Nous étions en juin. Robert de Flers, de son côté, partait en cure. Il est mort quatre jours plus tard à Vittel.

M. Lehman n'a pas honoré la volonté de l'auteur. Il a engagé à ma place Marie Leconte, de la

Comédie-Française, qui avait alors soixante ans, excellente et belle comédienne, mais peut-être pas pour ce rôle.

Pour revenir à *l'Ane de Buridan,* Victor Boucher, que je voyais régulièrement dans sa loge, me dit un jour :

« Je vais ce soir chez Alice Cocéa. Elle a invité un Polonais extraordinaire qui déplace les objets. Veux-tu m'accompagner ?

— Moi, tu sais, ce genre de séance. J'ai trop les pieds sur terre. Vas-y sans moi. »

Je le revois le lendemain :

« Que t'arrive-t-il ?

— Ne m'en parle pas, mon petit. J'ai reçu un cendrier sur le coin de la gueule. Regarde la cicatrice ! »

Nous avons bien ri. Et c'est ce soir-là qu'il m'a parlé de *Si je voulais,* une pièce de Paul Géraldy dont il venait de recevoir le manuscrit.

« Il y a un rôle pour toi. »

J'emporte le texte, je le lis, je reviens emballée.

« Ecoute, me dit Victor, j'ai parlé de toi à Géraldy. Mais il a poussé les hauts cris. Il trouve que tu déplaces trop d'air. Je suis sûr que ce rôle est pour toi, alors voici comment tu vas le convaincre. »

Conseillée par Victor Boucher, je me suis présentée dans le bureau de Henry Bernstein pour lire mon texte devant l'auteur dans une tenue des plus strictes, imaginée par Patou. Gantée, chapeautée, petit col bien fermé. Je me suis assise sur le bord de ma chaise, les genoux serrés, le dos bien droit, et j'ai pris un air timide, jusqu'au moment où Géraldy s'est exclamé :

« C'est tout à fait mon personnage ! C'est elle qu'il me faut. »

J'ai décroché ce rôle en jouant un rôle, prouvant que j'étais bonne comédienne.

Ravie de compléter une distribution par ailleurs prestigieuse (Marthe Régnier, Victor Boucher, André Luguet, Fernand Gravey et Robert Vattier), je m'inquiétais cependant, au départ, de ne pas être à la hauteur. Je n'avais pas l'habitude d'incarner ce genre de personnage.

Victor Boucher, cette fois encore, m'a aidée. Il m'a suggéré en particulier, pour une scène durant laquelle je me confiais à une amie, de parler tout en caressant la boule d'un escalier.

« Tu verras, m'avait dit Victor, contente-toi de ce geste, et tu auras ta sortie. »

J'applique son conseil. La salle, comme il l'avait prévu, m'applaudit longuement. Et apercevant Victor qui m'observe depuis les coulisses, je lui demande :

« Alors, tu es content ?

— Folle ! Tu aurais au moins pu attendre d'avoir quitté la scène », grommela-t-il plus tard.

Mon amie Marcelle Praince m'a alors présenté Maurice Hennequin, un auteur dramatique, au cours d'un déjeuner, et j'ai quitté le Gymnase pour le Palais-Royal.

« Allez voir Quinson, le directeur, de ma part, me suggéra Hennequin. Il y a un rôle de jeune première pour vous dans la pièce que j'ai écrite avec Pierre Veber, *le Monsieur de cinq heures.* »

Je prends rendez-vous avec Quinson :

« Tu as une jolie petite gueule, Hennequin te recommande, on peut essayer.

— Et mon contrat ?

— Commence par répéter. On verra plus tard. »

J'ai passé l'âge de travailler sans garanties. Je repars comme je suis venue. Quelques jours plus tard, je le rappelle, songeant qu'il a peut-être changé d'avis.

Et pendant que j'attends qu'il me réponde au

téléphone, je surprends une conversation m'indiquant que lui m'engagerait volontiers, mais que le coauteur, Pierre Veber, n'est pas d'accord car il ne me connaît pas.

Avec Quinson et Hennequin pour moi, contre Veber, j'ai obtenu mon contrat. Et nous avons battu tous les records de l'époque en jouant *le Monsieur de cinq heures* plus de cinq cents fois.

Quand le théâtre a fermé ses portes pour l'été, je suis partie avec Marcelle Praince profiter d'un repos bien mérité chez des amis à Aix-les-Bains, ignorant que j'allais faire là une rencontre qui bouleverserait ma vie.

Entracte

J'arrive au golf, un matin, sors mon attirail, frappe ma première balle, et j'en reçois une dans l'épaule. Je me retourne et découvre un homme trapu, l'air énergique, séduisant en diable :

« Monsieur, vous êtes fou de jouer si près !

— Sans doute, mais je n'avais pas d'autre moyen de vous aborder. »

Nous étions en 1925. Ce garçon ne m'a plus quittée. Il m'a fait une cour pressante. Il décorait ma voiture de pois de senteur. Je croulais sous les chocolats qu'il m'adressait tous les jours... Au bout de deux semaines, départ pour Saint-Nazaire, et embarquement sur son yacht.

Il m'avait vue garder une enfant pour permettre à sa maman de danser (Suzanne me manquait), lors d'un thé dansant au Casino un après-midi, et s'était renseigné à mon propos.

Mon nom ne lui disait rien. Il n'allait jamais au théâtre. Mais il a jeté son dévolu sur moi, et je n'ai pas trop résisté.

Par discrétion, je préférerais ne pas évoquer cet amour qui a duré dix ans. Cet homme était marié.

Mais il me paraît difficile, pour un livre de souvenirs, de faire l'impasse totale sur une étape aussi importante de ma vie.

Je l'aimais beaucoup. Je jouais *Back Street,* mais nous aurions pu vivre une très belle histoire si sa jalousie injustifiée (je n'ai jamais été flirt) n'avait empoisonné notre relation.

À l'automne, je suis retournée au Palais-Royal, qui reprenait *le Monsieur de cinq heures*. Mon amoureux ne supportait ni qu'on me regarde, ni qu'on parle de moi. Il passait son temps à me surveiller, s'étant procuré le passe du pompier de service pour circuler à son gré de la salle aux coulisses. En revanche, il inondait ma loge de roses et de glycines, et je lui devais mon paradis de Kermindoune.

J'avais découvert, un matin au réveil, en montant sur le pont de son yacht, mouillé pour la nuit dans le golfe du Morbihan, une vision de rêve : du vert, du jaune, du bleu — la baie, un petit port inondé de soleil.

« Ça te plaît ? m'avait-il demandé.

— J'ai le coup de foudre. C'est ici que je voudrais finir mes jours.

— Eh bien, prends la vedette et va te choisir une maison. »

Je l'ai trouvée sans peine. Sans confort, sans chauffage, mais ancienne et belle, sur la côte, dominant l'entrée du golfe, face à l'Ile-aux-Moines où nous avions fait escale.

Au moment de sa mort, en 1935, il m'a fait promettre de ne jamais m'en séparer. Je me revois, jeune femme, allongée dans ma chambre, sur ce lit que j'imaginais celui de l'ultime départ, indiquant comment élaguer l'arbre qui menaçait de gâcher ma vue... J'ai gardé cette maison cinquante-deux ans. Elle a connu tous mes bonheurs, tous mes chagrins. Ma vie devenant avec l'âge plus difficile, je n'ai pu tenir ma promesse jusqu'au bout. J'ai dû la vendre. Mais je me réjouis de pouvoir encore la surveiller de loin et d'être restée fidèle au golfe du Morbihan.

Après notre rencontre, j'ai encore joué trois ans, avant de renoncer au théâtre.

Je suis fière surtout d'avoir chanté *Passionnément*, une opérette d'André Messager, dans des circonstances dont je souris encore.

Maurice Hennequin en avait écrit le livret. Il est passé un soir dans ma loge, au Palais-Royal.

« Il y a un rôle de soubrette qui te conviendra parfaitement.

— Mais je ne sais pas chanter !

— Tu vas te présenter au maître, tu essaieras, et tu verras bien sa réaction. »

Je me rends rue Jouffroy. On m'introduit devant l'impressionnant personnage, un monsieur très digne avec de grandes moustaches à la gauloise. Je découvre un homme charmant, qui s'exclame :

« La Julie de mes rêves ! A présent, écoutons la voix. Que pouvez-nous nous chanter ? »

Je songe : « Lui, il va déchanter », mais comme il en faut plus pour m'intimider, je réponds aussitôt :

« Véronique ! »

Et je me lance.

Je dois dire qu'il a quand même paru surpris. Il devait réfléchir. Et j'ai respiré un grand coup quand il m'a annoncé, au bout d'un instant :

« Je prends le risque. »

J'ai alors tout tenté pour améliorer ma voix. J'ai fréquenté les meilleurs professeurs de chant. Je gobais des œufs du matin au soir. On m'avait expliqué que ça donnait de la voix, et j'appliquais tous les conseils.

Messager n'a pas assisté à la répétition des couturières, réunissant une quinzaine d'amis, tous professionnels (Victor Boucher, Max Dearly, Quinson, Hennequin, et d'autres). Son assistant, ce soir-là, a conduit l'orchestre à sa place. Et j'ai pris peur, n'observant autour de moi que des visages consternés.

Rentrée chez moi, j'ai appelé mon amoureux :

« Tu sais, ça ne marchera sûrement pas.

— Pourquoi ?

— Si tu avais vu leurs regards affligés ! Je chante faux comme une seringue !

— Comment le sauraient-ils ? C'est la première fois que tu leur chantes ces airs ! »

Ce qui prouve à quel point il était musicien.

J'ai aussi téléphoné à Messager :

« Maître, il faut me remplacer par une vraie chanteuse. »

Il a refusé. C'est même lui qui m'a convaincue d'insister.

« Vous êtes mon personnage. Et pour le reste, ça ira très bien.

— J'ai honte d'abîmer votre musique, mais si vous en prenez la responsabilité, je jouerai. Moi, je n'ai pas le trac. »

Arrive le soir de la générale. Je croise la vedette dans les coulisses, Jeanne Saint-Bonnet qui, elle, avait une voix superbe.

« Si j'avais tes airs à chanter, ironise-t-elle, je les bisserais tous.

— Oui ? Qui te dit que je ne les trisserai pas ? »

Et j'entre en scène. J'attaque la barcarolle de *Passionnément :* « L'amour est un oiseau sauvage... » Au moment de terminer sur « Le méchant est resté sans voix », sachant que je n'en avais guère, j'ai ajouté : « Comme moi ! » Le public était ravi. J'ai bissé ma barcarolle. Un critique a noté dans son article : « On ne saurait chanter faux avec plus d'assurance et plus d'esprit. »

Cette opérette m'a d'ailleurs offert une autre

occasion de prouver que je ne me démonte pas facilement.

Lucien Barrou, qui jouait le valet de chambre, me dit un soir dans les coulisses :

« Ma petite, tu vas avoir du mal à caser ta chanson. Il y a une bonne femme au premier rang qui n'arrête pas de jacasser. »

A mon tour, j'entre en scène, et je démarre :

« Moi, toute la vie, je me la représente comme un magasin de nouveautés... »

Ayant repéré la bavarde, je m'arrête net, et je l'interpelle :

« Pardonnez-moi, Madame, mais vous parlez plus fort que moi et vous m'empêchez de chanter. »

La dame se confond en excuses, m'explique que sa voisine est anglaise, ne connaît pas un mot de français, et qu'elle est obligée de traduire.

Pour me tirer de ce pas délicat, j'ai donné un coup de main à l'interprète en annonçant en anglais, d'un air dégagé :

« *Well, I begin again* (Eh bien, je recommence). »

Et j'ai repris à zéro.

J'ai quitté la Michodière pour jouer une opérette américaine, *Mercenary Mary,* aux Bouffes-Parisiens. La presse a fait de son mieux pour exciter la jalousie de mon ami :

« Pour une *mercenaire,* cette *Mary* est plutôt luxueuse, et dans sa scène d'ébriété, Mlle Denise Grey nous fait généreusement admirer la ligne pure de ses jambes gantées de soie brillante. »

« Il est extrêmement agréable de voir Mlle Grey se griser au champagne. »

« Denise Grey, si jolie, si charmante, et qui montre généreusement les plus jolies jambes de Paris. »

On peut imaginer l'effet de ces compliments sur ce

garçon qui me volait les lettres de mes admirateurs pour les brûler !

Je redoutais le pire quand je suis revenue au Palais-Royal interpréter *le Monsieur de Cléopâtre*, à juste titre puisque j'avais entre autres une scène dans un lit avec Victor Boucher.

Je ne me trompais pas. J'ai bientôt découvert que mon amoureux payait les ouvreuses pour m'épier et lui rapporter le moindre de mes gestes.

Je n'avais aucune envie de quitter ce théâtre où je gagnais très bien ma vie mais, un soir, n'en pouvant plus, je suis allée frapper à la porte de Quinson, mon patron, et je lui ai exposé mon problème :

« Ma vie devient infernale. Je peux à peine travailler correctement. A votre avis, dois-je continuer ou arrêter ?

— Ma petite, m'a-t-il répondu avec son bon accent méridional, je trouve personnellement que tu as beaucoup de talent, et je t'aime bien. Mais si tu as un furoncle sur le nez, je ne pourrai pas t'engager, tandis que lui te soignera. »

J'ai écouté son conseil. J'admirais mon ami, un être merveilleux, pour qui j'éprouvais beaucoup d'estime, même si je ne l'aimais pas comme j'avais adoré le père de ma fille. Et puis j'ai pensé, précisément, à Suzanne et à ma mère. Qu'adviendrait-il d'elles si je tombais malade ? Les comédiens ne sont pas des fonctionnaires. Ils ne perçoivent des émoluments que s'ils travaillent. Rose, ma sœur, ne pouvait m'être d'aucun secours. Ayant quitté son mari, elle était partie pour une tournée en Amérique du Sud dont elle ne reviendrait pas avant plusieurs années.

J'ai abandonné mon métier à regret, optant pour la sécurité.

Où m'installer ? Je ne souhaitais pas particulièrement résider à Paris, ni à Kermindoune toute l'année, trop excentré. Je voulais inscrire ma fille dans un bon lycée. Mon ami m'a alors offert une grande propriété, à une trentaine de kilomètres de Paris, proche d'un bourg nommé Triel.

Il se réjouissait de mon isolement. Quant à moi, je supporte très bien la solitude. J'aime la terre. Vivre à la campagne ne me déplaisait pas. J'ai beaucoup lu à cette époque. Il fallait aussi que je m'occupe. Ma fille était auprès de moi, avec sa gouvernante. Ma mère venait souvent. Mais j'avais cuisinière, femme de ménage, chauffeur, et je ne sais pas rester inactive.

« Je vais te prendre des actions chez Reboux, suggéra mon compagnon. Tu dirigeras un commerce. (Reboux était la grande modiste du moment.)

— Mon pauvre ami, tu n'y songes pas ! Tu ne me laisses déjà pas jouer au théâtre. Tu me vois, en contact permanent avec la clientèle ? »

Et comme j'avais deux hectares à employer, l'idée m'est venue de monter un élevage de poules. Je n'y connaissais rien. Je me suis documentée, et comme pour le théâtre, j'ai appris sur le tas.

On a engagé un jardinier pour m'aider. J'ai fait bâtir quatre poulaillers de quatorze mètres de long logeant mille pondeuses, plus deux autres bâtiments destinés aux poussins.

Comme je n'aime pas les demi-mesures, tous les matins, levée avant le jour, armée de mon seau de grésil et de mon balai, j'allais racler moi-même le sol.

Les yeux rivés sur le cul d'une poule, j'ai guetté impatiemment mon premier œuf.

Tout m'intéressait. Je peux maintenant affirmer qu'il y a des poules intelligentes et d'autres idiotes. J'avais fait installer un système électrique : la lumière en principe accélère la ponte. Et la nuit je me relevais pour appuyer sur l'interrupteur, espérant les couillonner. Certaines n'ont jamais cru qu'il s'agissait du jour.

Il leur fallait de l'exercice : j'ai acheté des filets à ballons. Je les remplissais de trognons de choux et autres verdures dont elles étaient friandes, que j'allais ramasser avec mon assistant, et je les suspendais à bonne hauteur, obligeant ainsi mes poules à sauter.

J'ai aussi mis en place mon réseau commercial en démarchant sur Paris diverses maisons de ma connaissance. D'abord le Grand Hôtel où j'avais passé quelques nuits avec mon amoureux. Je suis allée voir le cuisinier, je lui ai décrit mon exploitation et proposé dix pour cent sur tout achat d'œufs. Il m'a tout de suite agréée.

Encouragée par ce premier succès, j'ai alors contacté la maison Cherry, au Rond-Point des Champs-Elysées, spécialisée dans les petits déjeuners à l'anglaise, le Prince de Galles...

Je voulais me cantonner à l'œuf coque — frais du jour. Mais comme à deux mois j'éliminais les coquelets, il fallait que je leur trouve aussi un débouché. J'ai traité à Saint-Germain. Je tuais, je plumais, je livrais moi-même. Un travail de romain! Informée par le maître d'hôtel, une de mes amies a ainsi dégusté, au Café de Paris, un de mes poulets, rebaptisé « Poussin de Hambourg »!

Mon entreprise, hélas, a connu au bout de deux ans de sérieuses difficultés. Pour rejoindre mon ami, qui voyageait beaucoup et me voulait toujours auprès de lui, je m'absentais souvent. Je ne pouvais surveiller ma basse-cour comme j'aurais dû.

Une première fois, j'ai sauvé mon poulailler, menacé par la diphtérie, avec l'aide de mon assistant, en administrant à huit cents de mes bêtes trois piqûres successives dans les barbillons. J'avais fait apporter du champagne pour nous donner un peu de cœur à l'ouvrage.

La diarrhée blanche a porté un coup fatal à l'exploitation. J'ai tout perdu. Autant dire que ces volailles m'ont plumée.

J'ai également élevé une chèvre, pendant cette période.

« Madame, elle réclame le bouc », m'annonce un jour le brave Alexandre.

« Ah ! bon. Vous savez où en trouver un ?

— Oui. Dans une ferme, là-bas, sur les hauteurs.

— On y va. »

On charge la chèvre dans ma Talbot.

Au retour, je prends mon bain, je me parfume, je m'habille. J'avais une soirée en grand tralala. Je rejoins mon amoureux au Café de Paris. En sortant du théâtre, nous reprenons ma voiture, et il s'exclame :

« Mais enfin, quelle odeur ! Ça pue !

— Ça pue, ça pue... Ecoute, ce n'est pas moi.

— Je ne te dis pas que tu sens mauvais. Mais qu'est-ce que ça peut être ? »

Je cherche. Et je me rappelle :

« Ça sent le bouc ! Effectivement, j'ai conduit la chèvre au bouc ! »

Je m'étais accoutumée à l'odeur.

Mon élevage liquidé, j'ai commencé sérieusement à m'ennuyer. Qu'entreprendre quand on est coincé par le téléphone :

« Prévois un déjeuner russe pour six. J'arrive à midi. Il faut qu'au dessert mes invités aient signé. »

J'appelais Petrossian. On me livrait le nécessaire : caviar, blinis, saumon... Il ne manquait que la neige !

« Rejoins-moi à la gare. Voici le numéro de ton wagon. »

Le reste du temps j'attendais. Pendant ses

absences, ma fille partageait ma chambre, ce qui le rassurait.

Déprimée par l'inaction, j'ai alors connu un passage difficile. Je tricotais, je suivais des cours de couture par correspondance, je jouais à la crapette avec ma mère. Je me disputais avec ma fille et sa gouvernante qu'elle détestait, Mlle Néro (rien que ce nom, déjà, tout un programme !). Bref, on s'agitait autour de moi, inoccupée, et je devenais invivable.

J'ai alors téléphoné à Mère Maryvonne Aimée, une religieuse que mon ami m'avait présentée.

« Vous n'allez pas bien, ma petite fille ? Venez me voir ! »

J'ai laissé ma fille à la garde de ma mère, et j'ai pris le train pour Malestroit. Mère Maryvonne Aimée m'attendait.

« Vous tombez bien. Nous devons soigner une malheureuse enfant, victime d'un accident de la route. Ses pauvres parents se désespèrent car elle a une fracture du crâne. On ne saura que dans quelques jours si on peut la sauver. Je n'ai personne à qui la confier. Vous allez vous occuper d'elle. »

J'ai pris la gosse sous ma responsabilité. Je l'ai veillée jour et nuit, songeant à la mienne. Comment réagirais-je si un tel malheur me frappait ? Son état s'est amélioré. J'ai cueilli son premier sourire. Je lui ai offert une poupée...

Je suis rentrée à Triel rassérénée, et de nouveau aimable. L'expérience de la douleur avait remis mon échelle de valeurs en place. Mère Maryvonne Aimée m'a permis de comprendre qu'on peut toujours se rendre utile.

Cette femme était vraiment exceptionnelle, étonnante à tous points de vue, décorée après la guerre par le général de Gaulle pour sa participation à la Résistance depuis son couvent. J'ai gardé avec elle un lien privilégié.

Je n'ai plus jamais eu le cafard. Je ne peux pas m'ennuyer face à tant de vrais drames.

La vie me réservait pourtant de grandes peines. Mon amoureux m'a quittée le 16 janvier 1935, emporté par un cancer. Mon univers s'écroulait. J'avais trente-neuf ans.

Suzanne, ma fille, m'a incitée à reprendre mon métier de comédienne.

« Qui voudrait de moi, à mon âge ? Je n'ai pas joué depuis sept ans, on m'a oubliée !

— Essaie toujours ! »

J'ai écrit simultanément à Victor Boucher et à Quinson, mon dernier patron.

Victor m'a aussitôt répondu : « Je monte *Bichon* et j'ai deux personnages de femmes. Hélas, tu es trop vieille pour jouer la fille, et trop jeune pour jouer la mère. Mais viens me voir. »

Je n'ai pas créé cette pièce, mais je suis partie avec elle en tournée, quarante ans plus tard, au moment où je mettais Kermindoune en vente.

De Quinson j'ai reçu une lettre adorable : « Chère Denise Grey, mais oui, mais oui, venez vite me voir. On va remettre ça avec joie. Voici un baiser pour la fille, et un pépère pour la mère. »

Le même jour, il me téléphonait, avec son bon accent de Marseille : « Alors, tu viens le signer, ce contrat ? Je n'ai jamais pu retrouver une voix comme la tienne. La voix du Palais-Royal ! »

J'ai signé un contrat de trois ans. Le 2 avril, je remontais sur les planches.

Reprise

J'ai attaqué avec *Odette est servie,* heureuse finalement de reprendre le collier et de retrouver l'atmosphère chaleureuse du Palais-Royal, et ce farceur de Duvallès, plus particulièrement, mon partenaire dans cette pièce. Sérieux comme un pape, il se donnait un mal incroyable pour provoquer mes fous rires. Je résistais vaillamment, par respect du public. Il y a quand même un mot que je n'ai jamais pu prononcer : « Ascenseur ». Mes yeux se posaient sur le trou du souffleur, et je revoyais un de nos camarades faire le pitre lors d'une répétition. Le mot n'est jamais sorti.

Le Palais-Royal à l'époque jouissait d'une excellente notoriété. C'était une sorte de Comédie-Française du rire. Quand un spectacle ne marchait pas, on passait tout de suite à un autre, en gardant les mêmes acteurs, l'essentiel étant de satisfaire le public. Aujourd'hui, quand on change de pièce — certaines durent un mois, d'autres trois ans — on change aussi de comédiens.

Le « Retour de Denise Grey » annoncé en grands caractères sur les colonnes Morris ne pouvait évidemment plaire à tout le monde. Après sept ans d'absence, je tombais comme une pierre dans le jardin de la vedette féminine du Palais-Royal. Et j'ai surpris un jour à mon égard un commentaire brutal :

« Dis donc, t'as vu comment elle s'habille ? Elle a de la fourrure partout. Si ça continue, elle va s'en mettre où je pense. »

J'ai accusé le choc, mais elle avait raison. Mes tenues étaient d'un mauvais goût total. Pendant des années, mon ami préférant me voir porter des teintes neutres, je m'étais cantonnée dans les noir et beige. Et comme, en outre, il ne s'intéressait pas à la mode, je me fournissais rue de Siam, à Brest, ou aux Dames de France.

Au moment de remonter sur les planches, espérant goûter de nouveau au chic parisien, j'avais demandé à un couturier de s'occuper de moi. Mais j'avais tellement peur de ne pas être élégante que non contente de choisir des couleurs qui claquent, je nageais dans la soie et je me collais du renard partout.

J'ai tiré profit de la critique. Je suis retournée voir Patou. Redevenue présentable, j'ai remonté le courant. Quand ils sont justifiés, j'écoute les conseils.

Je suis restée camarade avec cette femme. Me fâcher ? Elle m'a rendu service.

Il est vrai que sauf, quelquefois, avec ma famille, quand on me pousse à bout, je suis peu agressive. On me demande souvent : « Comment faites-vous pour être toujours de bonne humeur ? » J'ai la chance de n'être, par nature, ni méchante, ni jalouse. Je m'adapte à tout, et je ne suis pas de ces femmes qui envient les autres : « Mon Dieu, tu as vu l'appartement, les robes ou les bijoux qu'elle a ? »

Des bijoux, j'en ai eu quelques-uns. Je les ai

perdus dans une aventure que je voudrais évoquer maintenant, celle de ma tournée en Egypte.

J'ai d'abord rempli mon contrat avec le Palais-Royal sans faiblir, jouant en trois ans une dizaine de pièces, toutes bien accueillies par la presse, dont *Embrassez-moi* de Tristan Bernard, et *Madame est avec moi*, une comédie de Pierre Véber, l'auteur avec Maurice Hennequin du *Monsieur de cinq heures* qui, douze ans plus tôt, m'avait amenée au Palais-Royal.

Madame est avec moi a vu les débuts au théâtre de ma fille. Assez déconcertée par la volonté de Suzanne d'abandonner ses études pour devenir comédienne, j'avais sondé Quinson. Il lui avait attribué un petit rôle, notant placidement :

« Ces enfants, que veux-tu, quand ils ont le virus... »

La pièce a très bien marché.

Pour ma part, je commençais à me lasser du vaudeville. J'aurais préféré jouer au boulevard où je comptais quelques amis, dont Victor Boucher. Hélas, comme nul ne songeait à m'y appeler, et que j'avais un peu d'argent devant moi, j'ai alors eu l'idée lumineuse de monter une série de pièces pour le plaisir, des pièces que j'avais vraiment envie de jouer, et de les emmener en tournée.

J'ai pris conseil auprès d'un des garçons de la troupe qui s'y connaissait un peu en administration. Il m'a suggéré l'Egypte comme destination. Je décidai de pousser jusqu'à Beyrouth. Il me recommanda un imprésario qui, moyennant dix pour cent de la recette, ne me donnait pratiquement qu'un plan de route.

J'ai donc tout organisé et financé moi-même, depuis la conception des affiches, celle des costumes, la location des salles, le choix des comédiens. Les syndicats existaient déjà. J'ai placé l'argent qui assurerait le retour. Enfin, précautionneuse, j'ai pris toutes les dispositions nécessaires.

Je venais de louer un grand appartement. Nous répétons chez moi les onze pièces que j'emportais.

Sonne l'heure du départ. Je confie une fois de plus ma fille à ma mère. Train. Le bateau nous dépose à Alexandrie. En route pour Le Caire où, noblesse oblige (une femme d'affaires doit affirmer sa réputation), je m'étais réservé une chambre dans le meilleur hôtel, *le Sheppard.*

Premier réveil en fanfare : le jeune roi Farouk épouse la princesse Fawzia. A part cela, tout se déroule comme prévu : j'organise un cocktail pour la presse. Les journaux parlent de nous. Et nous jouons mes onze pièces devant des salles combles.

Je comptabilise en livres sterling. Le pactole, c'est le pactole !

Si je m'étais arrêtée là, j'aurais effectivement gagné une fortune. Hélas, mal conseillée, j'avais réservé la salle pour vingt et un jours. J'ai compris trop tard que j'avais surévalué la clientèle. Accourue en masse dès le début, elle n'avait aucune raison de revenir ensuite. Le problème se reposant comme de juste à chaque étape (Alexandrie, Ismaélia, Port-Saïd, Beyrouth...), j'ai non seulement perdu ainsi tout l'argent que j'aurais pu gagner, mais bien plus. J'ai dû vendre mes bijoux. D'où l'estime inconditionnelle que je porte à mes patrons depuis lors. On ne s'improvise pas directeur de théâtre ni organisateur de tournées. C'est vraiment un métier.

Dans un registre plus gai, au Caire encore, j'ai connu quelques difficultés en scène à cause d'un sein baladeur.

Je n'ai jamais eu une jolie poitrine. Peu importe sous une robe. Mais dans l'une de mes pièces intitulée *les Souris d'hôtel,* je paraissais en maillot. Les soutiens-gorge de l'époque ne remontaient pas grand-chose, et pour présenter une silhouette impeccable, je me scotchais les seins avec du sparadrap, plaçant des bandes en dessous que j'arrimais dans le dos. L'une d'elles m'a lâchée un jour au beau milieu du spectacle. Souvenir pénible. Il m'a fallu tenir un bon quart d'heure, la main sous le sein gauche, pour cacher la débâcle.

Arrivée à Alexandrie, j'ai cru que le vent tournait en ma faveur. La ville m'offre un déjeuner au cours duquel mon voisin de table me questionne gentiment :

« Où vous rendez-vous maintenant, madame Grey ?

— D'abord à Ismaélia, chez les Anglais. Et après Port-Saïd, à Beyrouth où on m'a achetée. »

Je lui donne le temps de peser mes paroles, et j'ajoute :

« Pour le retour, je prendrai la Malle des Indes. Si j'en avais eu les moyens, j'aurais adoré revenir par le chemin des écoliers, visiter le bassin méditerranéen, la Turquie, les îles grecques...

— Je vous offre ce voyage, Madame, me dit-il. Je suis le directeur des Messageries Maritimes. »

Et cet homme m'annonce qu'il mettra un bateau à ma disposition qui ira nous cueillir au bout du parcours.

J'ai joué de malchance. Ma troupe a fait la croisière. Pas moi. Un télégramme m'attendait à Beyrouth :

« Rentre d'urgence. T'espérons pour la date prévue. Victor. »

Quelques jours avant mon départ, Victor Boucher m'avait téléphoné :

« On s'ennuie de toi, ma femme et moi, ma petite Denise... »

Il m'avait conviée à un déjeuner réunissant quelques personnes du métier, au cours duquel il me présenta deux auteurs, Paul Armond et Léopold Marchand, que je ne connaissais pas, dont il allait jouer une pièce : *le Valet maître.*

En fin de repas, surprise :

« Veux-tu faire partie de la distribution ? »

Il m'offre le rôle tout d'abord destiné à Popesco. Elle l'avait refusé pour des raisons de standing, l'estimant trop léger, comparé au sien. Une telle proposition, à huit jours du départ, quand j'avais tout payé ! J'en étais malade.

« Je ne peux pas. Je pars en tournée.

— Ne t'inquiète pas. Quand reviens-tu ? Nous t'attendrons. »

Il n'était pas question de m'attarder. J'ai laissé mes camarades s'embarquer pour les îles grecques. Il me fallait encore rejoindre Port-Saïd pour attraper la Malle des Indes.

« Comment repartez-vous, Madame Grey ? » me demande aimablement le consul de France à Beyrouth qui avait organisé une petite fête pour Noël.

« Je vais d'abord à Ankara par le train.

— Vous voyagez seule ?

— Oui.

— Je vous l'interdis. La ligne n'est pas sûre actuellement, en raison des combats. Il vous reste deux solutions : l'Orient-Express ou l'avion. »

J'ai opté pour le mode de transport le plus rapide et regagné Port-Saïd en Jodel. Ce premier vol m'a laissé un souvenir impérissable.

« *I think it is time, Mrs. Grey* », m'annonce le capitaine.

Impossible de reculer. J'étais sa seule cliente.

A l'escale d'Ismaélia, nous avons chargé du monde. J'ai alors bavardé avec un garçon qui avait vu notre spectacle.

« Vous paraissez moins à l'aise que sur une scène », a-t-il remarqué au moment du décollage.

D.R.

Mannequin chez Patou en 1925.

Dans leur appartement de l'avenue du Roule à Neuilly, Denise et sa fille Suzanne âgée de 3 ans (ci-contre). Radieuse, à 20 ans, elle vit un grand amour avec Henri Bara, le père trop tôt disparu de Suzanne. Il était représentant, pour la France, des automobiles Hispano-Suiza (ci-dessous). Il la photographie dans les Pyrénées, au Pic de Vignemale (en haut à dr.), et sur le balcon de l'appartement de Neuilly (en bas à dr.).

D.R.

D.R.

D.R.

D.R.

De 1942 à 1944, elle est la tête d'affiche d'*Une femme par jour* avec Duvaleix pour partenaire (ci-contre). En 1945, la guerre finie, elle crée *George et Margaret* au théâtre des Nouveautés avec Jacqueline Cadet (ci-dessous). En 1950, elle est la vedette des *Enfants d'Edouard* au théâtre de la Madeleine avec Misha Auer pour partenaire (en bas à dr.). Avant la « première », Pierre Blanchard et Simone Renant sont venus l'applaudir (en haut à dr.).

LOUIS SILVESTRE

CHARLES VANDAMME

BERNAND

LIPNITZKI-VIOLLET

BERNAND

En 1974, elle crée *le Tube* de Françoise Dorin, avec François Périer. Un triomphe qu'ils joueront 500 fois (ci-dessus). En 1987, elle fait ses adieux à la scène avec un grand succès dans *Harold et Maude* au théâtre Antoine (à dr.). Les rappels sont si nombreux lors de la dernière, que, lasse, elle s'assied dans la brouette qui, par bonheur, est un élément de décor.

MICHEL

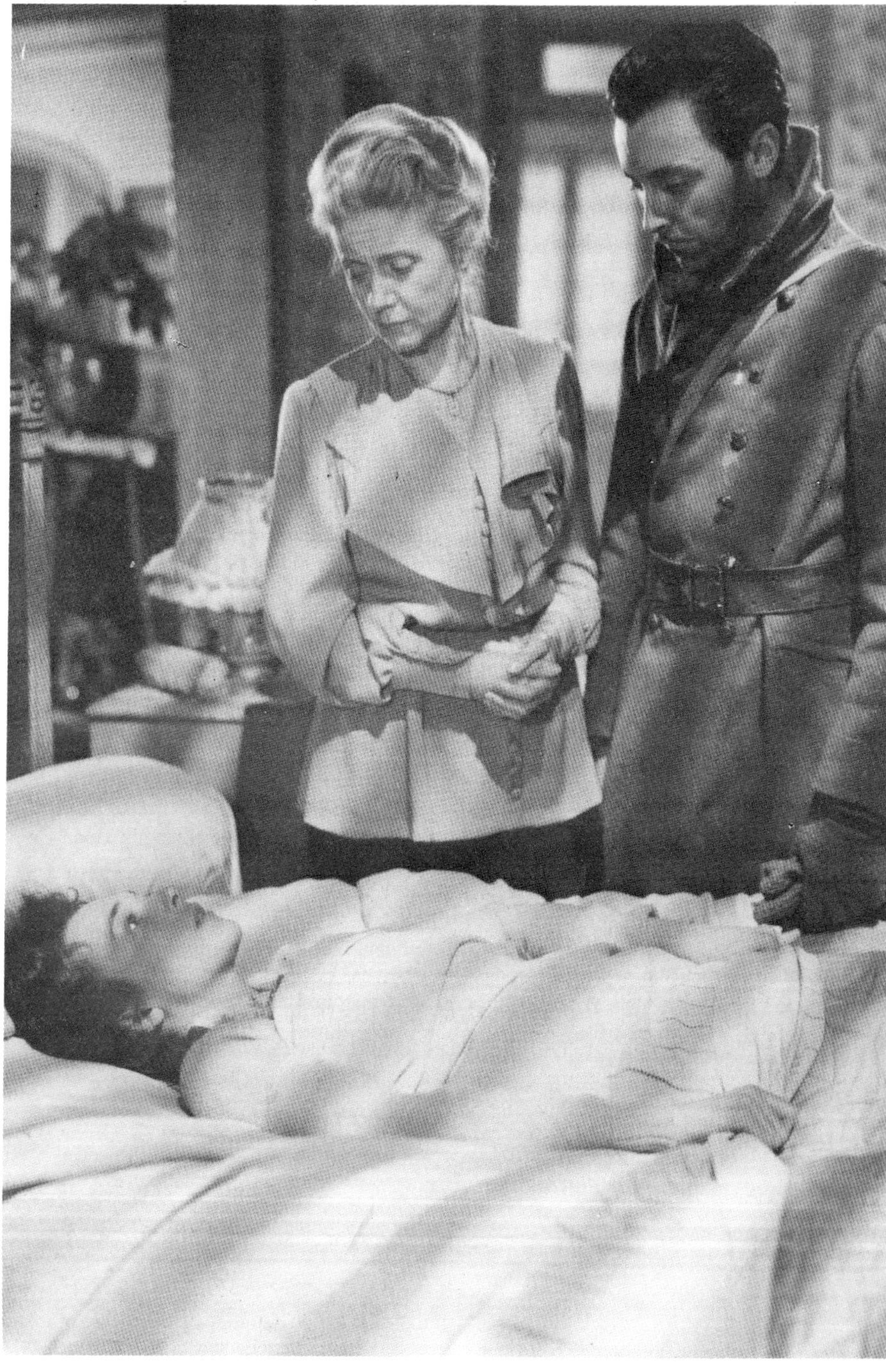

RAYMOND VOINQUEL/COLL. AUTANT-LARA

D.R.

En 1946, elle tourne avec Micheline Presle dans *le Diable au corps* mis en scène par Claude Autant-Lara (ci contre). En 1980, elle devient la grand-mère charmante et complice de la France entière dans *la Boum* avec Sophie Marceau (ci-dessus).

WOLFGANG WEBER

D.R.

Un nouveau triomphe. En 1982, elle tourne *la Boum 2*, toujours avec Sophie Marceau pour partenaire. Entre elles règne une complicité pleine d'entrain. On les croirait vraiment grand-mère et petite-fille dans la vie.

D.R.

MICHEL

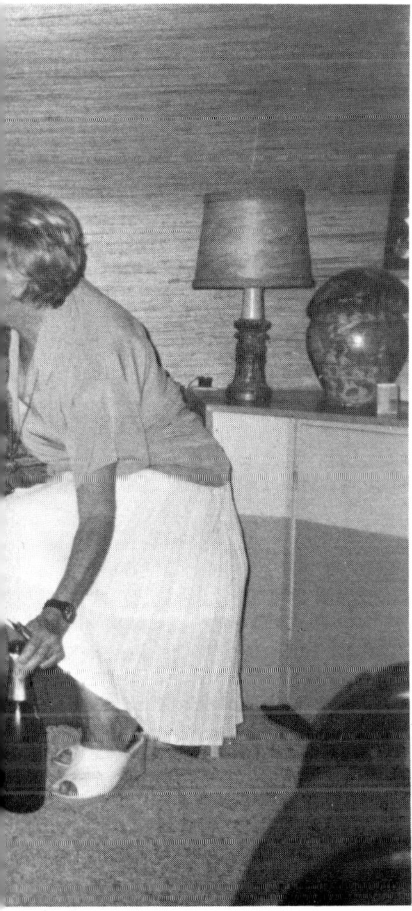

MICHEL

PHILIPPE DE BRETAGNE

Les décors enchantés de la Bretagne face à L'Ile-aux-Moines où elle a vécu durant cinquante-trois ans dans le manoir baptisé « Kermindoune » (en haut à g.). Agée de 80 ans, elle l'a vendu, le cœur gros, pour acheter de l'autre côté du golfe une plus modeste maison (en haut à dr.) baptisée, elle aussi, « Kermindoune » où elle satisfait sa passion pour les fleurs en jetant, de temps à autre, un regard vers le manoir. Pour Noël 1986, toute la famille, quatre générations, s'est réunie chez sa fille Suzanne (à dr. sur la photo) qui habite le même immeuble qu'elle dans le Marais. Compagnon fidèle et cocasse, Mégot, un gentil chien qu'elle décrit ainsi : des oreilles de chien de chasse, une robe de caniche et une queue d'écureuil.

MESNILDREY/VILLE DE PARIS

Déjà chevalier de la Légion d'honneur, elle reçoit en 1987 des mains de Jacques Chirac, accompagné de sa femme Bernadette, la médaille de vermeil de la Ville de Paris. Quelques mois plus tard, François Léotard lui noue au cou le ruban de commandeur des Arts et Lettres. Toujours en 1987, elle a été pressentie pour le « Molière » du Théâtre. C'est finalement Suzanne Flon qui le reçut, mais tous ses admirateurs étaient là : Marie-José Nat, François Léotard, Jacques Chirac (de g. à dr.).

JÉRÔME DA CUNHA

MICHEL

D.R.

Juillet 1987, elle termine le tournage d'un nouveau film : *Saisons du plaisir.*
Elle a pour partenaires Jacqueline Maillan, Fanny Cottençon, Jean Poiret et aussi Charles Vanel, le doyen des comédiens français, son aîné de quatre ans, vert et alerte à son image.

Je suis malgré tout arrivée saine et sauve. Sans avoir le pied marin comme ma fille, je préfère l'eau à l'air. J'ai eu longtemps peur en avion. Ce n'est que lors d'un récent voyage, au cours de ma dernière tournée, que j'ai acquis à ce propos une philosophie.

Le commandant, sachant que j'étais à bord, m'a conviée à visiter la cabine de pilotage. Ne pouvant refuser sans me montrer impolie, j'ai aussitôt expliqué :

« Pardonnez-moi de ne pas rester. Mais j'ai une frousse épouvantable.

— Buvez toujours une coupe de champagne... »

Nous avons trinqué, un peu bavardé. J'ai admiré le paysage. Et j'ai fini par reconnaître qu'on ne meurt que là où l'on doit mourir. A chacun son destin.

Une surprise m'attendait au retour d'Egypte en janvier 1938 : Suzanne s'était, en mon absence, avec la bénédiction de ma mère, laissé courtiser par André Bervil, un de mes camarades du Palais-Royal. Les enfants désiraient se marier. André me présenta officiellement sa demande, en gants beurre frais, un après-midi, dans un petit café, face au théâtre Daunou.

Ce mariage, à vrai dire, ne m'enthousiasmait guère. Mais comme je ne voyais pas comment je pouvais m'y opposer, je donnai malgré tout mon consentement, sans m'empresser de fixer une date.

Au théâtre de la Michodière, les répétitions avaient commencé avec Victor Boucher, Tramel, Marguerite Deval, sous la direction de Pierre Fresnay.

Coquette, sophistiquée jusqu'au bout des ongles même à un âge avancé, couverte de colifichets, portant voilette, Marguerite Deval, « la Guite », comme nous l'appelions, reste dans mon esprit un personnage étonnant.

Mes angoisses à propos de Suzanne l'agaçaient. Un soir que je piétinais impatiemment dans le couloir, ma fille étant en retard, elle m'interpella du fond de sa loge :

« Qu'as-tu à t'agiter ainsi ?

— J'attends Suzanne.

— Tu vas devenir comme ma mère qui, lorsque j'avais cinquante ans, croyait encore nécessaire de me dire : " Ma chérie, fais bien attention en traversant la rue. " »

Curieusement, si je n'ai jamais eu le trac en scène, je suis une angoissée permanente à l'égard de ceux que j'aime. Je voudrais pouvoir toujours les « couver ». Je m'y emploie de loin, pour ne pas les ennuyer. Cet aspect de mon caractère s'est probablement accentué après la mort tragique d'Henri, le père de Suzanne. J'ai souvent envié les poules, si attentives envers leurs poussins tant qu'il est nécessaire, ensuite capables de s'en détacher du jour au lendemain.

Le Valet maître, qui était une bonne comédie, reçut d'excellentes critiques. Moi aussi, d'ailleurs, bien que le rôle ait été écrit pour Elvire Popesco. Mon problème n'était pas d'imiter son accent. J'ai le don — car c'en est un — de pouvoir copier spontanément n'importe quel accent. La difficulté, dans la mesure où précisément on me demandait d'utiliser les intonations de cette grande comédienne, résidait dans l'interprétation même du rôle.

Le succès de la pièce conduisit les frères Karsenty à nous proposer une tournée.

Elle devait durer quatre mois, selon le circuit classique des tournées d'hiver : grandes villes de France, Suisse, Belgique et Afrique du Nord. L'idée de découvrir le Maroc et tant d'autres lieux merveilleux que j'ignorais me réjouissait. Je m'inquiétais, en revanche, de la santé de ma mère que je voyais décliner.

Alertée par mes soins, Rose, ma sœur, qui vivait alors en Amérique du Sud, revint en toute hâte pour s'occuper d'elle. Rassurée de laisser Maman en bonnes mains, je signai alors mon contrat.

A l'exception de ma virée en Egypte, je n'étais jamais repartie en tournée depuis la naissance de ma fille, ne voulant pas m'éloigner d'elle. Comment la rejoindre si elle tombait malade ? A l'époque on ne prenait pas l'avion.

Ces tournées d'avant-guerre étaient loin d'être aussi confortables que maintenant. Nous voyagions en train, avec nos bagages. Heureusement, on trouvait des porteurs dans les gares assez facilement. En revanche, nous n'avions pas d'habilleuse et devions veiller à tout nous-mêmes. L'apparition des cars et des habilleuses, après la guerre, me sembla un luxe.

J'adore les tournées. On a l'esprit tranquille : le nombre de représentations, comme le cachet, est fixé d'avance. Tandis que quand on joue à Paris on ne sait jamais combien de temps cela peut et va durer. Une trentaine de représentations seulement, si c'est un échec, tandis qu'un succès peut durer jusqu'à six cents fois.

Pour ma part, je considère ces périodes, durant lesquelles on vit en quelque sorte entre parenthèses, comme assez reposantes.

En rentrant du Maroc, je trouvai hélas ma mère bien affaiblie. Comme elle en exprimait le désir, je m'installai aussitôt chez elle, dans sa petite maison de Colombes, où elle s'éteignit paisiblement, le 23 juin 1939.

Rose, en larmes, reprit le bateau dans l'autre sens. Nous ne pouvions imaginer que la guerre qui menaçait allait nous séparer pour des années.

Toujours pour *le Valet maître,* les Karsenty organisèrent une nouvelle tournée. D'été, cette fois : casinos et villes d'eaux.

La troupe voyageait en train. Je la suivis dans la voiture de mon futur gendre à qui on avait proposé un petit rôle, de manière à ce qu'il fût sur place pour remplacer Victor Boucher, déjà malade, en cas de défaillance de sa part.

Cette escapade m'a aussi permis de revoir, tout à fait par hasard, Félicie Vanion, la dactylo de chez Caron, complice de mes frasques de jeunesse. Du côté de Pau, j'avais entraîné André dans une excursion, une visite de château qui m'intéressait. Pénétrant ensuite dans un restaurant, j'aperçois une blonde, les cheveux coupés à la Jeanne d'Arc, dont l'allure me paraît familière. Je me tourne vers André :

« Je te parie que c'est Félicie Vanion ! »

Je lui explique de qui il s'agit.

« Tu reconnaîtrais de dos une fille que tu n'as pas vue depuis vingt ans ! Ne me prends pas pour un demeuré ! »

La jeune femme soudain se retourne et s'exclame :

« Didine ! »

Nous étions folles de joie de nous revoir. Elle nous a invités à souper. J'ai offert le champagne. Elle nous a raconté sa vie. Ayant épousé un riche architecte, elle habitait le Brésil.

Nous avons passé une soirée délicieuse. Puis elle est repartie pour Rio de Janeiro, et moi derrière la troupe pour Biarritz où l'annonce de la déclaration de guerre interrompit brutalement la tournée.

Suzanne étant à Kermindoune, je pris avec André la direction de la Bretagne.

Arrivés le premier soir à Aubusson, nous décidons d'y dormir. Les hôtels sont pleins. Nous finissons par trouver une chambre. Une seule. Pincée, butée, la propriétaire affirme ne pas en avoir d'autre. Nous sommes fatigués, déprimés. André insiste. Sans résultat. Il commence à s'énerver. Je lui glisse à l'oreille :

« Je m'en charge. »

Et d'expliquer à la dame dont j'avais bien repéré l'air grenouille de bénitier :

« Je vous en prie, Madame, aidez-nous. Ce monsieur n'est ni mon mari, ni mon amant, mais mon futur gendre. Vous ne pouvez tout de même pas nous faire partager le même lit ! »

Ça a marché. Je ne sais qui elle a délogé. Mais elle nous a trouvé une deuxième chambre.

Drôle de guerre

Suzanne nous attendait à Kermindoune. André est resté quelques jours, puis il est parti rejoindre son régiment cantonné à Orange.

Ce garçon a eu beaucoup de chance : retenu à l'hôpital au printemps 1940 pour être opéré d'une appendicite aiguë, il n'a pu suivre ses camarades appelés au front. Aucun n'est revenu. Lui-même fut ensuite réformé.

Quel démon pousse les hommes à déclencher des guerres et devenir ainsi les artisans de leur propre malheur ? La jalousie ? Le goût du pouvoir ? Le désir de tout dominer ? Nous sommes des êtres bizarres.

Bizarre, assurément pour moi, cette période de la Seconde Guerre mondiale qui a largement révolutionné ma vie.

La tournée arrêtée, les théâtres ne jouant plus, je me suis en premier lieu repliée sur Kermindoune. Littéralement saisie de panique face aux incertitudes du moment, j'ai liquidé en hâte ma propriété de Triel que Suzanne n'avait jamais aimée et annulé la location d'un studio, situé rue Scheffer, que je venais d'aménager, entassant mes meubles à Colombes, dans la petite maison de ma mère que je destinais aux enfants.

J'ai invité mes deux cousines et leurs familles, ainsi que quelques amis qui ne savaient où se réfugier, à me suivre en Bretagne.

Là, j'ai changé de mode de vie, rognant sur tout ce qui était luxe. Des lits de camp dans toutes les pièces. Personne pour me servir. Une tablée à nourrir. Je me suis acheté un livre pour apprendre à cuisiner, ne connaissant que les quelques recettes enseignées par ma mère et que je n'avais jamais pratiquées. Levée à cinq heures, j'allumais la grande cuisinière, et je confectionnais à tour de bras de ces plats qui tiennent au corps : minestrone, porc aux lentilles, flancs aux pruneaux. Chacun assumait à son tour la vaisselle.

L'hiver a été glacial. Je ne manquais pas d'arbres. Pour ne pas gaspiller le charbon, nous nous chargions à tour de rôle de la corvée de bois.

Puis Quinson m'a contactée : le Palais-Royal rouvrait ses portes. Je suis rentrée à Paris, m'installant avec Suzanne à Colombes.

Peu après, j'ai renoué avec le cinéma, devenu parlant. Je suis ainsi allée tourner à Nice *Monsieur Hector* avec Fernandel. Nous résidions alors au Negresco où je m'enfermais dans ma chambre pour dévorer *Autant en emporte le vent*. Le film nous a alors entraînés à Rome.

Fernandel était un homme charmant, très famille. Il me parlait de la sienne, je lui parlais de la mienne. Je nous revois en Italie, sur la terrasse d'un très joli château où l'on nous avait servi une sorte de panier-repas avec pizza, escalope panée, expresso brûlant...

« Comment vas-tu, Denise ? me demande-t-il, attentif, comme toujours.

— Pas mal, et toi ?

— Tu dors bien ?

— Non. J'ai quelques soucis à la maison, et je trouve difficilement le sommeil.

— Moi de même. Et toi, comment luttes-tu contre l'insomnie ?

— Avec des suppositoires.

— Ah, que c'est drôle ! Tu prends comme moi *le* Suponéryl ! Et ça marche ?

— Oui, je dors comme un loir.

— Eh bien, Denise, ce soir je t'appellerai, et nous communierons ensemble. »

J'allais me coucher quand Fernandel m'a téléphoné :

« Allô, Denise ?

— Oui.

— Je me le mets ! »

La chute n'est pas des plus raffinées, mais elle est vraie. J'en ai ri bien des fois.

Le tournage terminé, je suis retournée travailler au Palais-Royal. En mai, les Allemands ayant lancé l'offensive, je pris une seconde fois, au volant de ma Fiat, la route de Kermindoune avec ma fille. Bervil nous rejoindrait à bicyclette.

La situation s'étant stabilisée, nous sommes rentrés à Colombes vers la fin de l'été. J'ai trouvé un prêtre pour marier les enfants dans la plus stricte intimité. Un simple déjeuner a réuni quelques amis.

J'ai demandé à Quinson s'il avait du travail pour moi :

« Je reprends *Ta bouche,* m'a-t-il répondu. Et je n'ai rien à te proposer. Tu es bien trop jeune pour jouer les mères.

— Ecoute, si je n'ai ni gros seins, ni grosses fesses, je ne manque pas d'autorité, et je m'en tirerai très bien. »

Je l'ai convaincu. Et cette opérette de Mirande a marqué un tournant important dans ma carrière. Je me suis accrochée. La presse m'a encensée. Je n'ai plus joué que les mères par la suite, je venais de changer définitivement d'emploi.

Avec le recul, je constate qu'accepter volontairement de me vieillir à la scène — je n'avais encore que quarante-quatre ans — m'a permis de franchir allégrement ce cap ordinairement difficile de la cinquantaine, pour les femmes comme pour les actrices.

Mon âge, à vrai dire, ne m'a jamais préoccupée. Il ne me serait pas venu à l'idée de le cacher. Ultime coquetterie ? Depuis longtemps, j'en fais même volontiers état. Peu m'importe. Je m'en suis accommodée au fil des années.

J'avais cinquante et un ans quand Horace Garraud, que j'aime beaucoup, l'administrateur des tournées Karsenty, me dit un jour :

« Ecoutez, Denise, en scène vous avez l'air d'une toute jeune femme. Mais votre cou est un peu marqué. Si vous le faisiez arranger ?

— Mon cher, je ne laisserai personne toucher à ma peau. Elle se comportera comme elle le voudra, je m'en fous. Je porterai des colliers ou des foulards, mais je n'ai pas l'intention de lutter contre mes rides. »

« Mamie », m'a innocemment demandé voici une dizaine d'années, Yann, mon arrière-petit-fils, trop jeune encore pour comprendre la cruauté de sa question, « pourquoi as-tu du papier froissé autour du cou ? »

Je sais que j'arrive maintenant à un âge où mieux vaut ne pas trop se regarder dans une glace. Ce phénomène ne m'a jamais tourmentée. En revanche, je crois qu'il est important d'offrir aux autres un spectacle agréable. Même fatiguée, je me maquille et me coiffe avec soin. Tous les jours, je me lave le visage au savon (je préfère ceux qui sentent bon), et je me colle une bonne crème. Je suis fidèle depuis sa sortie à *Eterna* de chez Revlon que je trouve commode car elle s'utilise de jour et de nuit. Et je constate que je décourage ma parfumeuse de la rue Saint-Antoine de me proposer ses soins. Elle m'assure que j'ai une peau insolente. J'ai eu de jolies jambes. Je les cache maintenant sous des pantalons car il arrive que mes chevilles enflent. Mais je me soucie plus de ma santé que de mon esthétique. Folie que de vouloir lutter contre l'inéluctable.

Je n'ai eu aucun mal à tourner la page. Mais si j'ai pris un temps d'avance professionnellement, en jouant les mères (et cela me convenait), je me préparais en même temps, dans la vie, à devenir grand-mère. Et je me suis mariée l'année suivante.

J'ai vu surgir dans ma loge, un soir, Charles-Henri Dunkel, l'ami d'Henri qui m'avait annoncé sa mort, perdu de vue depuis plusieurs années.

Je l'avais connu amoureux fou d'une jeune femme russe, ravissante et drôle, d'un chic fou, et aussi brune que j'étais blonde. Elle s'habillait toujours en blanc, moi en noir. Accompagnées de nos deux beaux gars, nous produisions un effet certain lorsque notre quatuor pénétrait dans un restaurant ou un théâtre. Elle était très dépensière. J'ai le souvenir d'un gros brillant qu'il lui avait offert et qu'il a dû payer plusieurs fois, car elle le mettait régulièrement en gage.

Charley — c'est ainsi qu'on appelait Charles-Henri — changeait couramment de maîtresse et menait grand train. Fils d'une famille riche, il représentait les voitures Delahaye.

Après la mort de mon grand amour, il s'est montré très attentif.

« Denise, j'ignore quelles dispositions Henri avait prises à votre égard, mais je veillerai à ce que vous et la petite ne manquiez de rien. »

Il est resté notre ami. Puis le temps a passé. Au bout de quelques années, il a voulu me faire la cour. Nous n'avions pas les mêmes goûts. Lui ne pouvait se coucher sans passer à *l'Abbaye de Thélème* ou au *Rat mort,* les boîtes à la mode.

« Mon pauvre Charley, lui avais-je répondu, je crois qu'il vaut mieux que nous restions copains. Vous aimez vivre la nuit, et moi le jour. De toute manière, devant jouer la comédie tous les soirs, je ne peux pas vous suivre. Mais si un jour vous souhaitez chausser vos pantoufles, venez me trouver. »

Alors, il avait disparu, j'avais essayé de me renseigner. Impossible de retrouver sa trace.

En 1940, il m'expliqua qu'ayant connu de gros revers de fortune, il avait préféré attendre de s'être recyclé pour se manifester.

« Je vous ai suivie de loin. A Lille, j'étais même dans la salle quand vous avez joué *le Valet maître.* Mais je ne pouvais pas me montrer. A l'époque, je n'avais pas les moyens de vous offrir même une tasse de thé. »

Il avait retrouvé une situation et s'avouait prêt à mettre ses pantoufles. J'hésitais encore. Suzanne m'a poussée à prendre ma décision :

« Maman, Charley t'adore. Epouse-le. »

Nous nous sommes mariés le 15 avril 1941. J'ai vécu avec lui vingt-six ans d'un bonheur calme.

Vingt-Cinq Ans de bonheur est d'ailleurs le titre d'une pièce charmante que j'ai jouée plus de quatre cents fois dès l'année suivante.

L'auteur en était Germaine Lefranc, qui avait déjà écrit *Aurélie,* une jolie comédie interprétée par Marguerite Pierry.

Paris toujours occupé, nos conditions de vie n'étaient pas des meilleures. Trois fois par semaine, je prenais le train pour Saint-Germain et je parcourais à pied les trois kilomètres qui me séparaient d'une ferme que je connaissais à Chambourcy, où je me procurais de quoi nourrir ma famille. Et simultanément, dans la journée, je tournais un film, le tout entre deux bombardements.

Un temps, nous avons habité, Suzanne, André, Charley et moi, un grand appartement avenue de l'Opéra où sévissait le froid. Puis j'ai eu la grande chance de pouvoir obtenir celui de mes rêves, rue Montpensier, dont les fenêtres donnaient sur les jardins du Palais-Royal.

Par le plus grand des hasards, j'avais fait la connaissance, en me promenant avec une amie, du commissaire Goujon, chargé des expulsions dans le quartier. Bien qu'il n'y eût guère d'espoir, je lui avais demandé de penser à moi si une occasion se présentait. Quelques mois plus tard, je reçois un coup de fil :

« Madame Grey, ici le commissaire Goujon. Si vous êtes toujours intéressée, courez vite rue Montpensier. Je viens de libérer un appartement qui pourrait vous plaire. »

Je m'informe auprès de la concierge. Elle avait déjà vu une quinzaine de personnes. Je l'interroge sur le propriétaire :

« C'est Me Naret, qui habite l'immeuble.

— Mais je le connais ! »

C'était le notaire d'Henri Bara, le père de ma fille. Je l'avais rencontré à diverses reprises lors du règlement de la succession. Je monte aussitôt chez lui, et je me fais annoncer :

« Madame Grey ! En quoi puis-je vous être utile ? »

Je lui expose mon désir d'occuper l'appartement au-dessous du sien.

« Cela vous ferait réellement plaisir ? Alors prenez-le ! »

J'y ai vécu vingt-cinq ans et je ne l'ai quitté qu'à regret.

Aussi revenons à cette pièce, au titre pour moi évocateur, *Vingt-Cinq Ans de bonheur*. J'ai connu au départ quelques difficultés avec l'auteur.

Germaine Lefranc avait écrit son texte pour Marguerite Pierry. Cette dernière n'étant pas libre, on m'a proposé le rôle, taillé à ma mesure. Mais Germaine Lefranc, peu satisfaite de cette solution, ne cessait de critiquer mon interprétation. Le jour de la générale, elle a été jusqu'à me suivre chez mon bottier où je devais essayer une paire de sandales à semelles compensées :

« Vous comprenez, ma chère enfant, ce n'est pas que je ne vous aime pas, mais je voudrais... »

Agacée, je lui ai claqué la porte au nez. A l'évidence, elle ne me supportait pas.

La pièce a été un triomphe. Par la suite, Germaine Lefranc m'a couru après pour que je joue ses textes. J'ai toujours refusé. J'en ai quand même lu un, assez mauvais.

« Cette comédie ne m'inspire pas... »

Une intrigue historique, compliquée à plaisir, en costumes d'époque. Ce n'était pas mon ton.

Vingt-Cinq Ans de bonheur évoque également le souvenir de Betty Daussmond, femme d'un talent exceptionnel, aussi à l'aise dans le drame que dans la comédie, dotée malheureusement d'un caractère plutôt difficile. Tous les soirs, Robert Trébor, notre directeur, s'arrachait les cheveux car, découvrant des Allemands dans la salle, elle refusait de paraître en scène. Et tous les soirs nous devions la convaincre qu'elle aurait dû y penser avant de signer, et que les comédiens ne pouvaient pas se permettre de tirer à vue sur l'occupant.

A la fin du spectacle, Charley venait me cueillir à la sortie du théâtre Michel, et nous rentrions à pied, éclairant notre chemin avec une lampe électrique.

Cette période difficile de la guerre me réservait malgré tout un grand bonheur. Suzanne m'apprit un jour que j'allais être grand-mère.

J'ai toujours adoré les enfants. Longtemps, je me suis occupée d'une de mes petites cousines, Lydie, de dix ans ma cadette, que ma mère avait prise avec nous pour soulager sa famille quand ma sœur Rose avait quitté la maison. Fillette, je lui cousais des vêtements, je l'endimanchais et j'étais fière de la promener. Je la mettais en scène. Je lui demandais de poser comme pour un tableau et je la photographiais.

Quand j'ai commencé à travailler, je l'ai emmenée avec moi aux concerts Colonne. Elle m'affirmait l'été dernier (elle s'est retirée en Italie) que je lui ai communiqué mon goût de la musique. Je me souviens que, lors de l'ouverture d'*Obéron* de Weber, cette gosse pleurait.

L'élève a dépassé le maître, elle est devenue plus mélomane que moi. Charley a bien tenté de me faire partager sa passion pour l'opéra. Trois fois j'ai accepté d'assister avec lui à *Pelléas et Mélisande*.

« Il est impossible que tu n'apprécies pas. C'est si beau ! »

Trois fois, malgré moi, je me suis endormie. Je m'ennuie à écouter un concert entier du même compositeur. Je préfère la diversité. Rien ne me ravit tant qu'une combinaison de Beethoven, Chabrier, Mozart, Ravel... J'ai une bonne radio avec modulation de fréquence, et je suis une « fan » de France Musique. Je n'ai pas beaucoup de temps pour l'écouter, mais coudre ou tricoter ne demande pas une attention terrible, et j'aime avoir l'oreille distraite par des sons qui me plaisent.

Catherine, l'aînée de mes petites-filles, est née le

10 décembre 1943. Comment, avec quoi préparer une naissance en pleine guerre ? Me payant de culot, j'ai écrit à la maison D.M.C., demandant si l'on pouvait me procurer quelques bouts de coton pour broder les rideaux du bébé. Je signai Denise Grey en capitales, priant le ciel que le destinataire de ma supplique appréciât le théâtre. Je reçus au bout de quelques jours un carton plein de bobines de toutes les couleurs !

La chance me servit encore l'été suivant : on me présenta, sur la plage de l'Ile-aux-Moines, M. Georges Picaud, des laines Picaud. Je lui exposai également mon problème. Il me confia les clés de sa réserve, dont je ressortis les bras chargés de pelotes. Il est devenu un ami.

A la rentrée, M. Sandrini m'engagea pour *Une femme par jour,* charmante comédie musicale de Serge Weber et Georges Van Parys.

J'ai failli ne pas jouer cette pièce jusqu'au bout, Alice Cocéa, alors directrice du théâtre des Ambassadeurs, m'ayant pressentie pour un autre rôle. Mon patron accepta de me rendre ma liberté :

« Je ne veux pas vous empêcher d'assurer cette création. De toute manière, notre spectacle touche à sa fin. »

D'origine roumaine, Alice Cocéa était une comédienne ravissante, adorable, un vrai petit tanagra. A l'époque où je l'avais connue, elle était la maîtresse d'un député de la région parisienne. J'avais vécu un moment dans leur sillage. J'aimais beaucoup Alice.

Elle me convoque au théâtre pour répéter, me félicite chaudement à l'arrivée :

« Ma chérie, comme tu vas être merveilleuse ! » m'assure-t-elle en roulant ses *r*.

Je lis mon texte. Compliments.

Le lendemain, même accueil chaleureux. Seulement, au fil des répétitions, je voyais son visage s'assombrir. Son enthousiasme à mon égard diminuait. Au point que, voulant en avoir le cœur net (en principe mon jeu s'améliore à mesure que je répète), j'ai fini par lui intimer :

« Ma chère Alice, en bonne copine, je te rappelle la définition d'un contrat. Nous avons respectivement, toi en tant que patronne, et moi en tant que comédienne, six jours pour nous dédire. J'ai le sentiment que tu ne veux plus de moi pour ce rôle. Alors de deux choses l'une : tu me le précises aujourd'hui clairement, ou je me fais demain accompagner par un huissier et tu me devras trente jours de représentations. »

Je ne suis pas retournée au théâtre. J'ai reçu d'elle, au matin, deux kilos de café vert (un vrai trésor en cette période de restrictions !) et un chèque représentant mes émoluments d'un mois, accompagnés d'un mot charmant :

« Ma chérie, tu es si extraordinaire ! Mais je prends le rôle. »

Cette volte-face ne m'a pas surprise outre mesure. Excellente actrice, Alice Cocéa était aussi un personnage. Nous avions joué ensemble, au Palais-Royal, *Une femme dans un lit* de Mirande. Alice n'appréciait ni la pièce, ni le théâtre et ne s'en cachait pas, agaçant tous nos camarades.

« Ce qu'elle peut être casse-pieds, cette femme-là ! »

Tout le monde le pensait, personne n'osait le lui dire en face. Trois jours avant la générale, Edmond Rose, alors administrateur du théâtre, explique à l'auteur :

« Il faut absolument modifier cette scène entre Alice et Denise. Elle manque de force. »

Mirande écrit un nouveau texte qu'on nous donne à apprendre. Le délai était court. Ce n'était pas commode. Et on nous appelle pour répéter la scène. Alice ne paraît pas entendre. Je la secoue :

« Bon. Tu viens ?

— Quoi, chérie ?

— Enfin, viens répéter. On n'a plus que deux jours !

— Oh, que tu es *méchante* avec moi !

— Méchante, méchante... C'est toi qui es emmerdante, avec tous tes caprices ! »

Elle a quitté le théâtre et n'a pas reparu. Finalement, on a engagé Simone Dulac pour la remplacer. Nous avons prolongé les répétitions d'une dizaine de jours, et la pièce s'est jouée sans elle.

Cet épisode se situe aux alentours des années 30. Je suis restée un certain temps sans la revoir. Et puis un soir que je partais en Bretagne, le chef de train vient me trouver :

« Pardonnez-moi de vous déranger, Madame Grey, mais j'ai un problème que vous pouvez peut-être m'aider à résoudre : je n'ai plus une couchette de libre, et je dois loger une jeune femme qui paraît assez mal en point. Sa femme de chambre l'a accompagnée, lui a préparé des bouillottes. Il faut absolument qu'elle puisse s'allonger. Accepteriez-vous de...

— Naturellement ! »

Ce train, équivalent du T 2 d'aujourd'hui, s'appelait *le Fiacre*. Pour s'assurer que je voyagerais seule, mon ami me réservait toujours les deux couchettes du compartiment. Je n'allais pas laisser une jeune femme souffrante dans l'embarras.

J'ouvre la porte et découvre la malade :

« Alice Cocéa !

— Ma chérie, comme tu as été méchante avec moi, mais comme je suis heureuse de te revoir ! »

Nous avons bavardé une bonne partie de la nuit. Intarissable, Alice m'a raconté sa vie. Elle allait partir en tournée en Amérique du Sud. D'ici là, pour apprendre ses textes, elle devait se reposer chez un couple d'amis en Bretagne. Et de fabuler sur le jeune ménage, l'épouse délicieuse.

Au petit jour, je la réveille à Auray, pour lui donner le temps de se préparer. A Lorient, Alice descend. L'attend sur le quai un superbe officier de marine qui l'enlace fougueusement en s'exclamant : « Mon amour ! »

Le train a redémarré, je n'ai pas pu résister. J'ai baissé la vitre pour crier :

« Tu diras bonjour à la dame ! »

Pourquoi diable m'avait-elle inventé toute cette histoire ? Sa liaison avec ce garçon était de notoriété publique. Ce malheureux s'est d'ailleurs suicidé plus tard par désespoir, dans des conditions assez spectaculaires.

Pour ma part, je n'ai revu Alice que lorsqu'elle m'a proposé et repris ce rôle. Je n'ai donc pas joué au théâtre des Ambassadeurs, et je suis retournée finir les représentations de *Une femme par jour*.

Les Allemands enregistraient enfin défaite sur défaite. On sentait que la guerre allait s'achever.

Pour échapper au travail obligatoire (S.T.O.), Bervil avait emmené Suzanne et leur fille en Bretagne depuis quelques mois déjà. Sur les instances de Charley qui se chargeait de veiller sur notre appartement, j'acceptai de les rejoindre.

Personne à Kermindoune ! Seule, Elise, ma bonne, qui, détestant mon gendre, avait choisi de rester, déclarant :

« Je garderai les moutons en chantant du Botrel. »

Les enfants s'étaient réfugiés dans l'Ile-aux-Moines, chez des amis, les Legros. C'est là que je les retrouvai.

Par un bel après-midi, on nous annonça l'Armistice. Je nous revois déployer les drapeaux et chanter *Colombe* à la pointe du Trech.

Fausse nouvelle ! Les Allemands étaient encore là, et bien là. M. Legros, appartenant à un réseau de la Résistance, procura à André de faux papiers. Et nous pûmes regagner Kermindoune pour y attendre plus paisiblement la fin des hostilités.

La Comédie-Française

Petit à petit, Kermindoune se remplit d'amis. J'y passai l'été, attendant impatiemment, pour regagner la capitale, libérée au mois d'août, que le pays se réorganise et que les communications se rétablissent. J'avais hâte de retrouver Charley et de recommencer à travailler.

Je rentrai à Paris à l'automne. A peine avais-je défait mes valises qu'on m'engageait pour jouer à Lyon pendant trois semaines *Week-End,* une pièce de Noël Coward, un auteur anglais que j'aime beaucoup.

Tout en apprenant mon rôle et en courant les boutiques pour trouver mes costumes, j'eus la joie, durant les semaines précédant le départ, de m'occuper de Catherine, ma petite-fille. Et c'est elle qui décrocha le combiné, rue Montpensier, le jour où Pierre Dux, administrateur intérimaire de la Comédie-Française immédiatement après la guerre, me téléphona :

« Madame Grey, j'aimerais bien vous voir. »

J'acceptai le rendez-vous sans poser de questions.

Intrigué, mon mari me demanda :

« Que te veut-il ?

— Sans doute une java en perspective », répondis-je, lui racontant qu'à l'époque où j'interprétais *J' te veux* avec Milton au théâtre Marigny la Comédie-Française, organisant un spectacle pour les adieux d'Albert Lambert, nous avait conviés tous les deux à danser notre java, seule occasion pour moi de fouler la scène de ce lieu prestigieux.

Pierre Dux devait avoir un projet du même ordre.

Au jour dit, j'arrivai donc l'esprit parfaitement serein dans son bureau. Nous commençons par échanger quelques propos aimables :

« Madame, vous me voyez enchanté.

— Moi également, Monsieur. Je n'avais pas encore eu le plaisir de vous rencontrer, mais je vous ai souvent applaudi. Vous avez besoin de moi ?

— Oui.

— Et pourquoi ?

— Pour jouer à la Comédie-Française. »

N'en croyant pas mes oreilles, je proteste :

« C'est une blague ! Vous savez comme moi que je n'ai aucune culture classique. Je ne pourrais même pas réciter convenablement une fable de La Fontaine. Je n'ai pas le ton de votre maison...

— Mais si, mais si, je vous assure... Le comité pense à vous depuis un certain temps... », m'assure-t-il aimablement.

Je l'arrête :

« Ecoutez, le comité, je le vois souvent à *la Régence*. Si c'était le cas, on m'en aurait parlé. Rien n'a filtré à mon sujet. »

La Régence était le café situé en face de la Comédie-Française. Je le fréquentais et j'y rencontrais les comédiens.

Et comme j'insistais :

« Donnez-moi plutôt la vraie raison... »

Il m'a lâché le morceau :

« Il se trouve que nous montons *les Fiancés du Havre,* et l'auteur, M. Salacrou, insiste pour que ce soit vous qui interprétiez le rôle de La Reinette. »

Cette explication correspondait mieux à ma logique. Le rôle en question était celui d'une marchande de poisson parlant avec l'accent normand. Alice Cocéa m'avait déjà demandé de le lui lire pendant la guerre, souhaitant monter cette pièce au théâtre des Ambassadeurs.

Emballée par ma prestation, elle avait aussitôt télégraphié à l'auteur :

« Ai trouvé La Reinette. »

Elle avait ensuite abandonné ce projet, mais la Comédie-Française ayant repris la pièce, Salacrou, se fiant à son jugement, exigeait de m'avoir comme interprète.

Ravie à l'idée de troquer l'étiquette du Palais-Royal, qui me collait aux chausses, contre celle du Français, je confirmai mon accord à Pierre Dux :

« Je signe. Quel honneur pour moi de traverser la rue ! »

Jouer à la Comédie-Française est une consécration. J'éprouvais le sentiment grisant d'avoir décroché un brevet. Je trouvais en outre amusant que mon appartement fût situé à égale distance des deux maisons : quand je sortais de chez moi, j'avais à ma droite le Palais-Royal, et à ma gauche la Comédie-Française.

J'ai donc appris mon rôle à Lyon, où je partis peu après comme prévu. Dans des conditions d'inconfort total. Je logeais au *Royal,* en principe le meilleur hôtel de la ville, alors démuni, les Allemands ayant emporté la literie. Le directeur du théâtre, M. Gandillon, eut la gentillesse de me prêter oreillers et couvertures, et je pus y passer tout mon temps libre à étudier mon texte.

Les répétitions commencèrent dès mon retour à Paris. *Les Fiancés du Havre* a tenu l'affiche près d'un an et demi. Nous avons joué cette pièce une cinquantaine de fois, à raison d'une ou deux représentations par semaine.

La distribution était prestigieuse : Madeleine Renaud, Denis d'Inès, Jean-Louis Barrault, Jean Meyer, Julien Bertheau.

Raoul Dufy avait dessiné les décors. Les costumes étaient ravissants, à l'exception du mien : affublée d'un costume informe pour mon personnage de poissarde, coiffée d'une perruque rousse surmontée d'un capet, j'avais une gueule impossible. Au point qu'on me demandait :

« Que faites-vous pour vous enlaidir à ce point ? »

Je répondais :

« Rien. »

C'était vrai. Simplement, je ne me maquillais pas, même pas les yeux.

Je portais également une sorte de robe avec d'immenses poches. Elles m'ont bien rendu service : mon tour venu, j'y enfouissais mes pelotes et mes aiguilles, car je tricotais à toute allure dans les coulisses, Suzanne nous ayant annoncé l'arrivée d'un second enfant.

« Et maintenant, qu'est-ce que je dis, qu'est-ce que je dis ? » s'inquiète à un moment, le soir de la générale, Denis d'Inès arpentant nerveusement le « guignol », lieu où les acteurs attendent leur tour d'entrer en scène.

Connaissant la pièce par cœur, je lui donne la réplique, il me remercie, et me découvre soudain à l'œuvre :

« Mais que fabriques-tu ? Tu n'as donc pas le trac ?

— Pas du tout.

— Te rends-tu compte où tu te trouves ? Tu vas

jouer dans le théâtre qui fait la gloire de la France, et tu restes là, paisiblement assise, à tricoter ?

— Et alors ? »

Madeleine Renaud, Jean-Louis Barrault assistaient à la scène. « Elle n'a pas le trac, elle n'a pas le trac », répétaient-ils, me considérant eux aussi, à l'évidence, comme un phénomène.

« Non, je n'ai pas le trac. Je sais mon rôle. J'ai été choisie pour le jouer. Et puis, écoutez, tous ceux qui ont joué ici avant nous, où sont-ils ? »

Je n'avais pas grand mérite à me montrer aussi calme : je n'avais jamais connu le trac. Je l'ai malgré tout expérimenté, quelques années plus tard, en une seule et unique occasion que je ne souhaite pas voir se renouveler. Je comprends mieux, à présent, l'étonnement de mes camarades.

Je venais d'être malade, je sortais d'une paratyphoïde qui m'avait mise sur le flanc plusieurs mois, et on m'avait proposé une seconde tournée avec *les Enfants d'Edouard.*

Je reviendrai sur cette pièce, que j'ai particulièrement aimée et que je considère encore comme mon cheval de bataille. Je l'avais donc jouée plusieurs centaines de fois. Ayant répété, je connaissais mon texte sur le bout des doigts. Grès, le couturier, m'ayant habillée, j'emportais de jolies robes. Bref, je me sentais en forme.

Nous arrivons à Bruxelles et brusquement, en apercevant mon nom en grand sur les affiches, me voici saisie d'une angoisse incontrôlable. Impression horrible, je paniquais littéralement, songeant : « Mon Dieu, qu'attendent-ils donc de moi ? »

J'ai compris tout de suite que, pour la première fois de ma vie, j'avais le trac. Et j'ai pensé : « C'est épouvantable. Je suis incapable de jouer. »

Affolée, j'ai couru trouver Hubert de Malet, le directeur de la tournée :

« Pardonnez-moi, mais je ne pourrai pas jouer.
— Pourquoi ?
— Je ne sais pas. Je suis très angoissée.
— Tu as le trac, comme tout le monde.
— Non, je ne l'ai jamais eu.
— Eh bien, tu l'as aujourd'hui.
— Non, c'est autre chose. C'est ma maladie. »

Je me serais laissé hacher menu plutôt que d'avouer la vérité. Et comme personne ne pouvait me remplacer, Hubert de Malet, en dernier ressort, m'a conduite chez un médecin. Ce dernier m'a accueillie très gentiment. Nous avons d'abord bavardé, puis il m'a demandé :

« Voyons, Madame Grey, qu'est-ce qui ne va pas ? »

J'ai évoqué ma paratyphoïde, et j'ai ajouté :

« Surtout j'ai peur, quand je vois toutes ces affiches qui portent mon nom. Les gens attendent de moi quelque chose d'extraordinaire. Et je me sens incapable à présent de donner ce que je leur donne d'habitude.
— Vous êtes encore fatiguée ?
— Oui.
— Une maladie comme celle que vous venez d'avoir laisse parfois des séquelles. Mais vous connaissez votre rôle ?
— Oui.
— Vous avez des soucis financiers ?
— Oui. J'assume de lourdes charges, et je viens de passer quatre mois sans travailler.
— Alors vous n'avez pas le choix. Vous devez jouer. De toute manière, vous connaissez parfaitement votre texte. En outre, moi j'ai pris un billet. Ce soir, je serai dans la salle pour vous applaudir. Vous ne pouvez pas me décevoir. »

Sans m'avoir prescrit aucun médicament, cet homme m'a dopée. Je me sentais des ailes en sortant de chez lui, et j'ai pu jouer le soir tout à fait normalement.

On m'affirme que la plupart des comédiens ont le trac. Je les plains depuis que je sais combien cette sensation est pénible.

Plus récemment, j'ai connu une autre alerte. Mais dans ce cas précis, j'avais de bonnes raisons de m'inquiéter, n'ayant pu étudier mon texte aussi soigneusement qu'à l'accoutumée.

Je venais de signer un contrat avec Georges Herbert pour emmener *Léocadia* en tournée, une merveilleuse pièce d'Anouilh, en reprenant le rôle créé à Paris par Marguerite Deval, lorsque Jean-Luc Tardieu m'a contactée pour *Harold et Maude.* Il voulait inaugurer ses nouvelles fonctions de directeur artistique de la Maison de la Culture de Loire-Atlantique en montant cette pièce à Nantes.

Je ne pouvais me dédire en ce qui concerne *Léocadia.* J'avais par ailleurs très envie d'interpréter Maude. Nous sommes convenus, finalement, que les dates concordaient. Jean-Luc Tardieu ayant évoqué ce projet au mois de mai, je jouerais *Harold et Maude* à la rentrée. La tournée de *Léocadia* ne commençait qu'à la mi-janvier, cela me laisserait un mois pour les répétitions.

Je me suis mise à l'œuvre aussitôt, étudiant d'abord *Harold et Maude.* Une fois franchi le cap de la première, j'aurais encore le temps de travailler *Léocadia* le soir, à l'hôtel.

Je mets malheureusement très longtemps à bien apprendre un rôle. Le spectacle *Harold et Maude* a marché magnifiquement. Jean-Luc Tardieu m'a d'ailleurs fait la surprise d'organiser une grande fête pour mes quatre-vingt-neuf ans, louant un train spécial — le train Denise Grey — pour amener à Nantes de nombreuses personnalités parisiennes, me composant ainsi une très belle salle.

Dès que j'avais un instant de repos, j'étudiais *Léocadia* comme prévu. Mais ce texte est très difficile. En outre, je n'avais pas eu le temps de le recopier, comme je m'y emploie ordinairement, pour le mémoriser. Mon rôle, dans mon esprit, était loin d'être au point quand nous avons commencé à répéter. Et pour la seconde fois de ma vie, j'ai été saisie de panique.

Si, en règle générale, je n'ai pas la hantise d'entrer en scène, c'est parce que je sais que j'ai ma conscience pour moi. J'ai bien fait mon travail, j'ai appris mon rôle, écouté le metteur en scène. Pourquoi m'inquiéterais-je des impondérables que nul, de toute manière, ne saurait prévoir.

Mais je n'avais pas l'esprit tranquille quand je suis partie en tournée avec *Léocadia.* Et j'ai vécu dans l'angoisse une dizaine de jours au point de m'en rendre malade et d'appeler un médecin. J'étais si traumatisée à l'idée de mal jouer que j'avais 22 de tension ! L'administrateur de la tournée a jugé bon d'intervenir :

« Ecoutez, Denise, arrêtez. Vous allez compromettre votre santé ! »

J'ai alors fait un pari avec moi-même. Je lui ai répondu :

« J'essaie encore ce soir. Si j'estime que j'ai bien joué, si je me sens sûre de moi, je continue. Sinon, j'abandonne. »

J'ai gagné. Le soir même je retrouvais toute mon assurance. Le public a été merveilleux. Et j'ai pu poursuivre la tournée normalement.

Je reste convaincue que je n'aurais jamais eu de problème de cet ordre si j'avais parfaitement su mon rôle dès le départ. Car j'ai cette chance de me sentir, en scène, aussi à l'aise que si j'étais chez moi. Je n'ai pas l'impression d'être en représentation.

J'ai la chance également d'être une femme en

bonne santé, physique et morale. Je ne réfléchis pas en jouant. Je n'ai pas le trac parce que je ne pense pas que je suis sur une scène. Je ne me concentre pas. Je suis dans mon personnage.

Je peux très bien bavarder dans les coulisses, mais dès que j'entre en scène, je suis dans mon rôle.

Je me sens bien ou je me sens mal, mais bien ou mal, dès que j'entre en scène je retrouve ma confiance en moi. En réalité, je ne suis plus moi-même, mais mon personnage.

J'ai une nature inquiète, mais mes angoisses concernent plus ma famille que mon travail. Ce qui m'a valu un trou de mémoire mémorable (qu'on me pardonne cette locution audacieuse, mémorable est l'adjectif qui convient), un soir que je jouais *George et Margaret*, la pièce avec laquelle j'ai enchaîné après *les Fiancés du Havre*, à mon départ de la Comédie-Française.

Sophie, ma seconde petite-fille, était encore bébé. J'avais passé l'après-midi auprès d'elle et de sa sœur. Malades, ces enfants brûlaient de fièvre et, pour avoir le temps de me maquiller et de m'habiller, j'avais dû partir au théâtre avant l'arrivée du médecin.

J'étais donc très inquiète, ce soir-là. *George et Margaret* est pourtant une pièce que j'ai adorée, un de mes « tubes » également. Je l'ai jouée plusieurs centaines de fois. Mais brusquement, en pleine scène, le trou. Une vision s'imposait à moi : les deux visages en pleurs de mes petites-filles. « Mamie, bobo. »

La scène se déroulait dans un salon où je prenais le thé avec mon mari. Impossible de me rappeler mon texte. Pas d'espoir de me raccrocher : je sautais en permanence d'un sujet à l'autre, toute la pièce, au demeurant fort amusante, n'étant qu'une suite de coq-à-l'âne.

J'aurais dû m'écrier : « Pourquoi l'eau chaude est-elle froide ? »

Carpentier, mon partenaire, venait de remplacer Tramel, malade. Nouveau dans le rôle, il ne connaissait pas suffisamment le mien pour m'aider, et me regardait, angoissé.

En désespoir de cause, je soulevai le couvercle de la théière dont je scrutai l'intérieur d'un air désolé, m'exclamant :

« Mon Dieu, il n'y a pas d'eau pour le thé ! Il faut que j'aille en chercher ! »

Ce qui me permit de m'éclipser. J'espérais trouver dans les coulisses quelqu'un, au moins le régisseur, pour me souffler. Personne !

Histoire de meubler un peu, j'appelai : « Gladys ! Gladys ! »

Gladys, ma bonne dans la pièce, se reposait dans sa loge, n'ayant pas à paraître. Elle est alors arrivée, prête à entrer en scène, croyant son tour venu.

Je pensai : « Flûte, surtout pas. Si jamais elle entre, c'est la pagaille complète ! »

J'ai hurlé : « Non, non, Gladys, je me suis trompée. Il y a de l'eau dans la théière ! »

Et je suis rentrée en scène où Carpentier entre-temps avait retrouvé ses esprits. Il m'a lancé la réplique me permettant d'enchaîner.

Je n'ai pas eu beaucoup de trous de mémoire dans ma vie — trois ou quatre au plus — mais celui-là, je l'avoue, a été spectaculaire.

Dans *Harold et Maude,* au printemps dernier, un soir que j'étais fatiguée, j'ai également laissé mon esprit s'évader. Cette fois, je m'en suis tirée seule, en relançant la petite musique dont je m'accompagnais. Et la phrase m'est revenue. Ça sert d'avoir du métier.

J'ai réussi aussi un assez joli coup dans *La vie est*

trop courte, d'André Roussin, en 1981, au théâtre Daunou.

J'étais en scène avec Dominique Paturel. Je me suis mise à observer sa cravate, et distraite j'ai perdu le fil. J'ai alors pensé : « Coupons au plus rapide. »

Je me suis tournée vers le public, et j'ai dit simplement :

« Pardonnez-moi, mais j'ai un trou. Rassurez-vous, ça ne va pas durer. »

Je me suis penchée vers Dominique qui m'a glissé ma réplique. Puis j'ai ajouté :

« Voilà. C'est fini. Je reprends. »

Le public s'est montré enchanté. Il a eu le sentiment d'assister à une représentation unique. Les comportements les plus directs sont souvent les meilleurs. Le cas échéant, je réutiliserai cette technique. Mais je me garderai d'en tirer un effet. Il ne faut quand même pas abuser.

Je me suis bien éloignée de cette Comédie-Française à laquelle, pourtant, je voudrais revenir. J'étais dans la maison depuis plusieurs mois lorsque Pierre Dux m'a annoncé :

« Denise, le temps est venu de vos débuts officiels.

— Qu'entendez-vous par là ?

— Vous devez jouer un classique.

— Lequel ?

— Celui de votre choix, à la date qui vous conviendra. »

J'ai choisi, pour faire mes armes, Dorine, la servante de Tartuffe. J'avais l'instinct du rôle, mais l'instinct ne suffit pas toujours pour bien interpréter un classique. Cette forme d'expression particulière est tributaire de sa propre musique. Aussi ai-je beaucoup travaillé mon rôle. A la maison, Charley, mon mari, m'aidait à répéter.

Cette unique représentation m'a valu une critique plus qu'élogieuse de la part de Philippe Hériat. Une autre, venimeuse, qualifiant, entre autres, mes gestes de « moulinets », m'empêcha d'avoir la grosse tête

Je pris ma plus belle plume pour répondre à l'attaque :

« Monsieur, je suis pour la critique, la vraie. Les comédiens en ont besoin. Lorsque j'ai joué dans *la Belle Hélène,* un habitué des *Variétés* de l'ancienne époque m'a écrit : « Oreste ne va pas danser rue de Lappe et ne met pas ses poings sur les hanches. Il prend son thé chez Rumpelmeyer. » Il avait raison, et j'en ai tenu compte. Mais vous, vous ne me critiquez pas, vous m'insultez. »

J'ai reçu de ce monsieur en retour une missive adorable.

J'ai quitté le Français après *les Fiancés du Havre,* mais j'y suis revenue douze ans plus tard.

En 1957, Pierre Descaves m'a téléphoné à Nancy, où j'étais en tournée avec *les Parents terribles,* me demandant de jouer *Mademoiselle,* une pièce de Jacques Deval, avec Annie Girardot.

J'étais désolée de ne pouvoir accepter. Je venais de donner mon accord à Fernand Ledoux pour partir en tournée avec *Tartuffe* quelques mois plus tard.

« On vous remplacera pendant votre absence », m'a proposé finalement Pierre Descaves.

Ravie et fière, j'ai eu ainsi le grand plaisir de pouvoir jouer les deux pièces.

Dans la journée, je répétais *Tartuffe* pour la tournée, guidée par Fernand Ledoux. Metteur en scène extraordinaire, il savait exploiter mes défauts comme mes qualités. Nous avons créé ensemble une Dorine peu orthodoxe.

Le soir, je retrouvais *Mademoiselle,* c'est-à-dire Denise Gence, merveilleuse dans son rôle de gouvernante dévouée, et Annie Girardot, également merveilleuse dans son personnage de jeune fille de bonne famille séduite et abandonnée, si habile à exprimer l'angoisse du drame qu'elle vivait.

Cette tournée avec *Tartuffe* dans les grandes villes de France a duré trois mois. Elle a été triomphale. Je revois encore la salle enthousiaste, archicomble du théâtre de Bordeaux, par ailleurs fort beau. De la scène, nous apercevions des enfants juchés sur le rebord des balcons, d'autres accrochés par grappes aux piliers.

Ce succès incita Georges Herbert, notre directeur, à organiser une trentaine de représentations supplémentaires. Mais j'avais promis à M. Descaves d'être présente pour l'enregistrement radiophonique de *Mademoiselle*. Je ne pouvais poursuivre la tournée.

Ainsi s'acheva mon second et dernier séjour dans cette prestigieuse maison de la Comédie-Française.

Silence, on tourne

Prise dans le feu de l'action, je viens d'escamoter allégrement douze ans de ma vie. J'allais oublier de signaler que, tout en jouant à la Comédie-Française, je tournais des films. Il est temps que je fasse machine arrière et, pour employer le jargon d'usage, d'éclairer de quelques « flash-back » l'autre aspect important de mon activité depuis 1945 : le cinéma.

Quand je suis revenue jouer la comédie au théâtre après sept ans d'absence, j'ai également couru les studios de production, avec l'espoir de travailler pour le cinéma parlant.

Comme il est important de se montrer au mieux de sa forme et de mettre sa marchandise en valeur si l'on veut réussir, je ne me livrais à ces démarches qu'après être passée chez le coiffeur, m'étirant l'œil jusqu'au sourcil, parée de mes plus beaux atours.

Autant siffler dans un violon. Aucun succès jusqu'en 1939. Je pouvais faire les pieds au mur. Je n'intéressais pas les producteurs.

Heureusement, en 1940, j'ai tourné *Monsieur Hector* avec Fernandel. J'ai déjà raconté notre échappée en

Italie. Ce pays m'a emballée. Sans doute par atavisme, car à bien des égards, je suis Italienne.

J'adore Rome et ses fontaines. Je me souviens d'un petit hôtel sur la Piazza di Spagna. Et ces escaliers, ces filles si jolies, si belles! Les gars aussi sont beaux. Et ces marchands de fleurs! Un ravissement.

Cette ville me rappelle surtout le tournage d'un autre film. Il n'a dû marquer que ma mémoire, car il s'agissait d'un « navet » du plus pur style, au titre affriolant : *Violence carnella* (Violence charnelle). Rude programme!

Ce chef-d'œuvre impérissable n'est pas resté longtemps à l'écran. Personne, bien entendu, ne l'a vu. Sauf à Vannes! Car il est passé à Vannes, à quinze kilomètres de ma maison de Kermindoune. Et là, naturellement, des gens sont allés le voir.

Ce contrat m'avait été apporté par mon agent, Blanche Montel. Quelle joie quand elle m'a dit :

« Tu vas tourner en Italie avec Henri Vidal. »

Vidal était une grande vedette. J'allais jouer le rôle de sa mère.

Je n'ai pas profité du voyage. Quarante-huit heures avant le départ, je m'allonge pour dormir, je m'enfonce le visage dans l'oreiller, et une vive douleur au nez, comme si on m'avait piquée au fer rouge, m'oblige à me redresser brusquement.

Je me regarde dans la glace, et je découvre un superbe furoncle à ses débuts.

Le lendemain, j'ai de la fièvre. J'appelle un médecin.

« Mon petit...

— Ecoutez, docteur, donnez-moi un traitement de cheval. Je n'ai pas le choix. Je prends le Rome-Express demain soir... »

Il m'a prescrit des antibiotiques à forte dose. Pour plus de sécurité, ne pouvant m'offrir le luxe d'arriver couverte de boutons, j'ai doublé les doses. Et je prends mon train dans un état comateux.

Au matin je vais mieux. Du moins je ne souffre plus. Sachant que les photographes toujours à l'affût vont me cueillir à la descente du wagon, je me refais une beauté, je discipline mes bouclettes. Bref, je m'arrange un peu. Et comme j'avance sur le quai, un type, un Italien, mon metteur en scène, selon toute vraisemblance, s'élance vers moi en agitant les bras d'un air catastrophé :

« Ma, ma, impossibio. Impossibio !

— Quoi, Monsieur. Qu'y a-t-il ? Vous me trouvez impossible ?

— Impossibio, impossibio ! Trop elegante, trop elegante ! »

Il me trouvait trop chic.

« Voyons, Monsieur, essayez de comprendre. Si vous me demandez de jouer une clocharde, je ne vais pas pour autant m'habiller en clocharde pour voyager ! Venez à l'hôtel, je vous montrerai les robes que j'ai apportées. »

Je savais que la mère de Vidal dans le film n'était pas une dame élégante. Elle avait plutôt le physique d'une mamma.

A l'hôtel, je défais mes valises et je demande à mon Italien de choisir dans les tenues que j'ai prévues. Et il recommence :

« Ma, ma, impossibio. Impossibio ! »

Un problème de couleur, cette fois. J'étais blonde, il me voulait des cheveux noirs. Un coiffeur, pour un mois, m'a transformée en brune.

Et nous avons commencé à travailler.

Ma chambre d'hôtel jouxtait celle d'Henri Vidal, amoureux fou d'une femme restée à Paris à laquelle il téléphonait tous les soirs. J'avais ainsi droit, en bruit de fond, les cloisons de l'hôtel n'étant pas très épaisses, à des litanies de « Je t'aime, je t'aime, je t'aime ».

Nous avions le même agent. Blanche Montel est venue à Rome discuter affaires avec Vidal. Un soir que nous regardions ensemble les « rushes », les séquences tournées dans la journée, je l'entends s'exclamer :

« D'où sortez-vous cette bonne femme ? Quelle horreur ! »

Et je demande :

« Tu ne me reconnais pas ?

— Pardon ?

— C'est moi ! »

Je venais de surgir à l'écran en gros plan, le visage grimaçant de colère, exprimant ma révolte contre mon gendre. Il m'avait avoué la haine qu'il me portait. Et obéissant scrupuleusement aux indications du metteur en scène (né à Naples, il me demandait de jouer napolitain), je m'indignais violemment :

« Ma, impossibio, impossibio ! »

Une telle prestation risquait peu de déclencher de nouveaux contrats. Pour mes vrais débuts au cinéma, j'ai dû attendre *Boléro.*

J'avais créé cette pièce charmante de Michel Durand aux Bouffes-Parisiens avec Jeanne Aubert et Daniel Lecourtois. Mon rôle était celui d'une femme qui parle tout le temps et saute sans arrêt du coq à l'âne. Ma spécialité. Dans la vie aussi j'aime la cocasserie. Je peux me lancer dans un grand discours, et le couper soudain d'une remarque aberrante, n'ayant rien à voir avec le sujet.

Je débitais mon texte à toute allure. Un de mes cousins, propriétaire d'un petit café, m'expliqua qu'un de ses clients, après m'avoir vue jouer, avait commenté :

« A croire que cette femme-là a une aiguille à phono dans le gosier. »

Nous avons eu beaucoup de succès. Et Jean Boyer décida d'adapter *Boléro* à l'écran. Sans doute ne voulait-il pas de moi. Il proposa d'abord mon rôle à Popesco. Elle le refusa, estimant l'autre rôle féminin, tenu par Arletty, trop important. N'ayant pas trouvé d'autre actrice capable d'un débit aussi rapide, Jean Boyer m'engagea alors comme pis-aller.

Ce film attira l'attention sur moi. Je tournai ensuite *Romance à trois, Adieu Léonard, L'aventure est au coin de la rue, le Couple idéal,* autant de compositions me permettant de donner libre cours à ma fantaisie.

Les conditions de travail à l'époque étaient assez pénibles. Pas de chauffage dans les studios, ni ailleurs. Transis, nous battions la semelle, attendant qu'on nous allume les spots pour nous y réchauffer et gommer ce halo produit par notre haleine qui risquait d'apparaître à l'écran.

Le tournage d'*Adieu Léonard,* de Pierre Prévert, frère du poète, a eu lieu à Dax. J'ai retrouvé là Simone Signoret qui avait déjà joué avec moi dans *Boléro* où, toute jeune, ravissante, charmante, elle tenait un rôle d'arpète. Je garde d'elle, dans *Adieu Léonard,* le souvenir d'une telle grâce et déjà d'une telle présence que l'on pouvait deviner l'extraordinaire comédienne qu'elle serait.

Toute la distribution, d'ailleurs, était magnifique. Le soir, Charles Trénet, la vedette, nous charmait en composant devant nous ses chansons avec son guitariste. Et je ne peux repenser sans sourire à mon voyage en train de Paris, en compagnie de Jean Meyer, de la Comédie-Française, Pierre Brasseur et Julien Carette. Cela se passait pendant la guerre. J'ai dû d'abord calmer une dame qui protestait parce qu'on lui avait attribué une couchette au-dessus des roues. Elle poussait des cris, des hurlements à fatiguer tout le wagon, et en particulier ma compagne de compartiment qui, malade, allait se soigner à Dax :

« Je veux voir le chef de train ! J'ai loué ma place et j'ai précisé que je ne voulais pas être sur les roues... »

J'ai douché l'agitée :

« Calmez-vous, Madame. Tout peut s'arranger.

— Comment, puisque je n'arrive pas à voir le chef de train ?

— Rassurez-vous. Nous passons par Saint-Pierre-des-Corps, nœud ferroviaire très bombardé. Là, avec un peu de chance, vous ne serez plus sur les roues, mais dessous. »

Nous avons eu la paix. La nuit s'est déroulée paisible. Au matin, surprise en arrivant à l'hôtel : vrai thé, vrai café, pain, beurre et jambon de Bayonne !

Clientèle select, service impeccable. Et comme nous nous installons dans la salle à manger de cet hôtel des plus distingués, j'entends Julien Carette s'extasier, d'une voix forte, l'accent bien parigot :

« Pierre, tu as vu ? On va s'en mettre plein la panse ! »

J'ai joué ensuite, en 1945, *Rome Express,* avec Saturnin Fabre, homme d'humour et de talent. Ce film n'a pas connu grand succès, mais nous avons vécu des moments bien amusants, durant ce tournage, grâce à ce pince-sans-rire.

Il avait eu tant de difficultés financières, lors de ses débuts, qu'ayant acquis la notoriété, il exigeait d'être payé d'avance par ses producteurs, n'acceptant aucun retard de règlement. Il argumentait ses demandes ainsi :

« Mon cher ami, il faut penser à l'oseille. C'est un légume très agréable. »

Pas question de lui imposer des heures supplémentaires. Il limitait avec la même fermeté ses horaires de travail. Trimbalant toujours avec lui son réveil, il s'arrêtait de travailler à l'instant même où se déclenchait la sonnerie.

« L'heure, c'est l'heure », décrétait-il, se moquant de savoir si le plan en cours était terminé ou non.

Le scénario de *Rome Express* — c'est peut-être ce qui a découragé le public — se déroulait entièrement à huis clos, dans un compartiment de chemin de fer. Je jouais le rôle d'une mondaine, victime d'un évanouissement, qu'un autre voyageur, Saturnin, psychiatre, devait ausculter.

Tout au long de la répétition de cette scène, il a feint de vouloir me peloter. Je n'arrivais pas à garder mon sérieux. J'ai fini par lui intimer :

« Cesse tes plaisanteries. La caméra est braquée sur mon visage. Je vais avoir bonne mine ! »

Il s'est, Dieu merci, abstenu quand on a commencé à filmer.

J'ai retrouvé Saturnin Fabre plus tard, pour un autre tournage, auquel participait également Hélène Perdrière.

Séduite par la drôlerie et l'esprit du personnage, elle le convia à déjeuner chez elle.

« Ma chère amie, mes déjeuners sont exclusivement réservés à ma femme. Elle me prétend impuissant. C'est faux, je baise ailleurs. Mais je déjeune avec elle », lui répondit-il sans sourire, non sans une certaine majesté.

Avec la même emphase, il expliquait au chauffeur de la maison de production chargé d'aller le chercher pour l'amener au studio :

« Deuil ! Vous viendrez me prendre à Deuil ! C'est là que j'habite. »

Hélène Perdrière, avec qui j'ai tourné un peu plus tard un film mis en scène par Raymond Rouleau, m'a, sans le vouloir, joué un tour pendable.

Je travaillais dur, à l'époque. Outre le film, dans la journée, tous les soirs je jouais au théâtre *George et Margaret.* Et je me relevais la nuit toutes les deux heures pour administrer des sulfamides à Charley, mon mari, anéanti par une congestion pulmonaire.

Littéralement épuisée, j'avais confié à Hélène Perdrière, un après-midi, lors d'une pause entre deux séquences, que je souffrais de maux de tête épouvantables.

« Attendez, je vais vous donner un cachet. Vous verrez, c'est très efficace. »

De fait, le médicament eut sur moi un effet quasi miraculeux. Je n'avais plus mal. Je retrouvais toute mon énergie. Je me sentais des ailes.

Au point que j'en suis venue à me doper avec ces comprimés, à raison d'un par soir. Jusqu'au jour où je me suis aperçue que le Corydrane m'affectait d'une manière bizarre. J'étais en scène, mais également dans la salle. Je jouais et je me voyais jouer, j'étais comme au spectacle. Bref, je me dédoublais.

J'ai pris peur. J'ai consulté. Puis je me suis précipitée chez Benoît Deutsch, mon directeur, pour lui demander un congé :

« Impossible ! »

J'insistai :

« Je vous en prie, c'est important. Je me sens vraiment malade. Je ne peux pas jouer.

— C'est nerveux. Voyez votre médecin.

— Je l'ai déjà vu. Je prenais un toxique sans le savoir. A présent je suis complètement à plat. Il faut que je me remonte. Je ne vais pas y arriver en continuant à travailler ainsi. »

Benoît Deutsch s'est montré plus que compréhensif. Mais mon cas lui posait vraiment un problème. La pièce marchait fort. Impossible de l'arrêter. Or je n'avais pas de doublure... Il a trouvé la solution :

« Ce film se termine bientôt ?

— Dans quelques jours.

— Bien. Dès la fin du tournage, je vais vous installer à la campagne. On vous trouvera un petit hôtel tranquille. Vous pourrez ainsi vous reposer dans la journée. Tous les soirs mon chauffeur ira vous chercher pour vous amener au théâtre et vous reconduira ensuite après le spectacle. Je prends tout en charge, naturellement. »

J'ai emmené avec moi Catherine et Sophie, mes deux petites-filles, et la petite bonne. Elles m'ont tenu compagnie. Et très vite je me suis rétablie. Le grand air, le repos, quelques jours de ce régime ont suffi.

Heureusement, car sinon je n'aurais pas eu l'occasion de jouer, peu après, dans *le Diable au corps* de Claude Autant-Lara, le seul film pour l'instant, avec *la Boum,* qui m'ait vraiment marquée car il m'a permis de changer de registre.

J'évoque toujours avec plaisir la façon dont ce rôle m'a été proposé. Un jour de 1946, je déjeune avec mon mari dans un petit bistrot de la rue Montpensier, donnant sur le Palais-Royal, en bas de la maison, où nous allions souvent. On y mangeait très bien. C'était aussi un repère de célébrités. On y croisait Colette, Cocteau, Bérard.

Je bavarde gentiment avec Charley. Assis à une table, un peu plus loin, un monsieur me dévisage. Je n'y prête pas attention. Mais il se lève et vient vers moi :

« Madame Denise Grey, permettez-moi de me présenter. Je m'appelle Jean Aurenche. J'écris actuellement les dialogues du *Diable au corps* que Claude Autant-Lara va porter à l'écran. J'aimerais vous avoir pour jouer Madame Grangier. »

Je le fixe avec un œil rond. Je connais le roman par cœur. Madame Grangier est une belle garce ! Je m'empresse de lui répondre :

« Monsieur, vous vous trompez. Ce n'est pas un rôle pour moi. Madame Grangier est une femme très dure. Je n'ai pas cette nature-là. »

Et Jean Aurenche de protester :

« Justement ! Je la trouve trop sèche, trop dure. Je cherche une femme qui n'ait pas ce visage-là, afin que le rôle ne soit pas antipathique. »

J'ai accepté.

Je conserve un excellent souvenir de ce tournage, près de Paris, avec Micheline Presle et Gérard Philipe, tous deux adorables. J'impressionnais Micheline car j'occupais mes temps de repos à coudre des manteaux — des manteaux jaunes — pour mes petites-filles.

Plus habituée aux rôles comiques, j'ai éprouvé quelque difficulté à me mettre dans la peau d'un personnage dramatique. Au cours d'une scène, en particulier, je devais, voyant ma fille partir, exprimer à la fois la douleur et le chagrin, mêlés d'un certain remords. Je venais de me montrer très dure. Mes larmes devaient couler.

Je n'avais même pas un texte à dire pour me soutenir. Muette, je devais simplement exprimer ces émotions.

Je crois que j'ai tout essayé, m'obligeant à imaginer les situations les plus pénibles. Allant jusqu'à inventer une maladie très grave à mes petites-filles. Effort couronné de succès. Autant-Lara s'est écrié aussitôt :

« Bravo ! Sensationnel !

— Peut-être, mais mauvais pour le son », a répliqué un technicien.

Je m'indignai :

« Mais je ne dis rien ! »

J'ai dû, malgré tout, recommencer la scène, avec le sentiment déprimant que, plus je la reprenais, moins j'étais bonne.

Aussi quand Claude Autant-Lara m'a demandé

« Allons, encore un petit effort ! »

J'ai calé :

« Désolée, mais je n'ai plus personne, plus de famille, plus rien. Je les ai tous exterminés. »

Pour nous tirer de ce mauvais pas, ultime recours, j'ai consenti à avaler un verre de cognac. Et là, apparemment, j'ai trouvé le ton juste.

Le Diable au corps reste l'une de mes fiertés. Ce film est devenu un grand classique du cinéma. Il a constitué pour moi une sorte de parenthèse que j'aurais sans doute aimé prolonger. Je suis ensuite revenue à des rôles plus conformes à ceux que j'avais joués précédemment, de personnages cocasses, trépidants et loufoques. Des rôles que j'aime bien, secondaires certes, mais « payants » parce qu'ils sont drôles, proches de ceux des comédies américaines.

Je peux citer ainsi *A pied, à cheval et en voiture* que j'ai tourné en 1957, pendant mon second séjour à la Comédie-Française.

Jean-Jacques Vital, le producteur, était un patron très agréable. Il me ramenait très souvent en voiture, et nous bavardions.

« Je ne suis pas heureux. Quand je n'ai pas de boulot, je m'ennuie », m'a-t-il confié un jour.

Il s'étonnait :

« Debout tôt le matin, couchée tard le soir, et toujours de bonne humeur, Denise. Comment vous débrouillez-vous ? »

J'ai tenté de lui expliquer :

« Je crois que j'ai le goût des petits bonheurs. J'apprécie un beau paysage, des fleurs. Je me régale le matin de l'odeur du café et du pain grillé. Je ris des choses sans importance. J'essaie de prendre la vie telle qu'elle vient... »

A pied, à cheval et en voiture à peine terminé, je reçois

reçois un coup de fil de mon agent, Blanche Montel :

« On te demande pour tourner un film en Angleterre. »

Je commence par protester :

« Ecoute, tes Anglais et tes Américains, tu peux te les garder ! Français, en revanche, je veux bien. »

Je ne suis pas xénophobe, mais je venais d'être échaudée. Quinze jours plus tôt, également sur son initiative, j'avais rencontré Vincente Minnelli.

Le réalisateur américain projetait de tourner *Gigi*. Mon agent souhaitait me voir confier le rôle de la tante de Gigi. Jean-Jacques Vital avait eu la gentillesse non seulement de m'accorder un congé cet après-midi-là, mais de me prêter également sa voiture et son chauffeur pour me rendre au George-V.

J'ai trouvé Minnelli courtois. Sans plus. Il voulait tester mon anglais et m'a demandé de parler. Examen réussi : je devais revenir le lendemain pour une lecture.

Au dernier moment (j'étais déjà chez le coiffeur quand le message est arrivé à la maison), il a annulé le rendez-vous. Je n'ai jamais su pourquoi. En revanche, je me suis offert le luxe de lui dire ce que je pensais de son attitude. De Joinville où s'achevait le tournage, je lui ai téléphoné. Sans lui laisser placer un mot, j'ai vidé mon sac :

« Monsieur, pourquoi m'avoir dérangée si vous n'aviez pas l'intention de donner suite... »

Le tout en anglais. Toc ! Et j'ai raccroché.

Je n'étais donc pas très emballée à l'idée de donner encore dans le rond de jambe anglo-saxon, comme me le proposait Blanche Montel. Mais finalement, comme elle insistait, je me suis laissé convaincre.

L'entrevue, cette fois, se déroula au Crillon, où je rencontrai le producteur et le metteur en scène. Je crus à un moment les voir hésiter ·

« Je peux toujours faire un essai. Je ne connais pas l'Angleterre. Je serai ravie de découvrir ce pays. Payez le voyage, je m'offrirai le séjour », ai-je alors suggéré.

Puis, craignant de perdre mon temps, comme avec Minnelli, je pris aussitôt congé. Je me levai et j'ajoutai :

« A présent, excusez-moi, mais j'ai un autre rendez-vous, et je suis très pressée. »

Le soir même, je signai mon contrat.

Je passai un mois délicieux en Angleterre à l'occasion de ce tournage. Les Anglais ont beaucoup d'estime pour les comédiens. Je fus très bien reçue. En outre, comme je ne jouais pas tous les jours, j'ai pu visiter Londres et ses environs.

Je rentrai à Paris. Je m'étais absentée un mois sans problème, les théâtres fermant l'été. Mais il nous restait une scène à tourner au cours de laquelle je devais entrer au palais de Buckingham. La date n'était pas encore fixée. Nous attendions l'autorisation officielle.

Je demandai à Pierre Descaves de me permettre de repartir. Il ne s'agirait que d'un aller et retour.

« Pour l'instant j'ignore si *Mademoiselle* sera encore à l'affiche, me répondit-il. Mais le cas échéant, le producteur devra garantir la recette. »

Il me cite le chiffre de 700 000 francs. Je téléphone aussitôt à mon Anglais, certaine de son accord. Et je l'entends avec horreur pousser les hauts cris :

« Jamais de la vie ! C'est beaucoup trop cher ! »

Intriguée, je refais mon calcul pour m'apercevoir que j'ai tout simplement mal converti mes francs en livres !

Ce point éclairci, j'obtins mon congé. Mais personne n'eut à payer. *Mademoiselle* n'est pas revenue à l'affiche.

Mon cheval de bataille

Je voudrais à présent évoquer deux pièces que j'ai beaucoup jouées, avec infiniment de plaisir : *George et Margaret* et *les Enfants d'Edouard*.

Je venais de signer au Français quand Gilberte Refoulé m'a proposé *George et Margaret*. Et j'ai dû refuser. J'imagine que les autres comédiennes n'étaient pas libres non plus puisque, finalement, on m'a attendue.

J'en ai été ravie. Il s'agissait d'une pièce anglaise d'une drôlerie folle, adaptée par mon ami Marc Sauvageon. Je l'ai créée avec Tramel.

Je jouais un de ces rôles comme je les aime, totalement farfelu. J'ai énormément travaillé. J'ai même pleuré bien des fois lors des répétitions. Jean Wahl, le metteur en scène, attendait de moi vivacité, légèreté et humour, et se montrait d'une extrême exigeance.

Il avait raison. Nous avons joué cette pièce plusieurs centaines de fois. Le théâtre des Nouveautés ne désemplissait pas, signe que le public, qui venait pour rire, repartait satisfait.

Je me réjouissais d'autant plus de voir tous les soirs la salle comble que je percevais un pourcentage. Aussi ai-je été bien déçue en recevant ma première paie : on avait déduit de mon salaire le prix de mes toilettes !

« Alors Denise, vous êtes contente ? » me demande Benoît Deutsch, le directeur, venu me féliciter dans ma loge.

« Si on veut. Nous avons une belle salle, mais je m'aperçois qu'on me retire de l'argent.

— Vous avez lu votre contrat ?

— Oui, euh... Enfin, peut-être pas complètement.

— Eh bien, ça vous apprendra à lire avant de signer.

— C'est la première fois que je paie mes robes !

— Notez que Dessès vous a merveilleusement bien habillée.

— Oui, pour 60 000 francs... »

Le soir même, sans rien dire, Benoît Deutsch a rectifié le tir, augmentant mon minimum garanti.

La pièce n'était pas encore tout à fait rodée quand il me demanda de modifier légèrement mon jeu :

« Vous cavalez sur votre texte. Vous précipitez les effets. Essayez de jouer un peu moins vite. Le public n'a pas le temps de rire. »

Je pense qu'il a tort, mais comme Jean Wahl, le metteur en scène, partage son avis, je m'incline.

La pièce commence. Et tandis que je m'applique à freiner mon débit comme ils me l'ont imposé, attendant chaque fois que le salle ait ri pour continuer, je les entrevois soudain tous les deux en coulisse, m'indiquant par de grands gestes : « Plus vite ! Plus vite ! »

Je ne me trompais pas. Si on attend que les gens rient, il n'y a plus de rythme, plus de comique. Les effets tombent à plat.

Je gratifiai malgré tout le public, ce soir-là, d'un

effet supplémentaire et parfaitement imprévu. Lors d'une scène où ma fille se disputait violemment avec son fiancé, je devais faire mon entrée en franchissant une petite marche, et après avoir contourné un canapé lancer gaiement :

« Alors, les enfants, on s'amuse ? »

Je portais une longue robe noire, avec un pouf et une petite traîne.

J'arrive, je monte ma marche, sans remarquer que ma traîne s'est prise dans un clou du tapis. Et, surprise d'être ainsi stoppée dans mon élan, je m'effondre involontairement sur le canapé que je m'apprêtais à contourner.

Le public a ri aux éclats, persuadé que ma chute était au programme. Quant à moi, je n'ai surtout pas regardé mes camarades dont le visage surpris ou hilare m'aurait donné le fou rire. Je me suis relevée le plus gracieusement possible. Dignement j'ai lancé ma phrase, et je suis sortie de scène sans demander mon reste.

« Madame, il pleut à verse et il y a un vent à décorner les bœufs », m'annonce un soir mon habilleuse au moment d'un changement de costume.

Je lui demande de téléphoner à mon mari. Charley devait venir me chercher. Mais il sort à peine de convalescence. Je ne veux surtout pas qu'il prenne froid.

« Dites-lui de ne pas se déranger aujourd'hui. Je rentrerai en taxi. »

A la fin du spectacle, je m'assure que Tramel, déjà malade, repart bien dans son taxi. Et j'en cherche un pour moi. Il n'en reste aucun. Ils ont été pris d'assaut par les spectateurs. Je décide alors de rentrer par le métro, dans lequel je descends en me dissimulant à moitié le visage sous la capuche de mon imperméable, car je me suis entre-temps démaquillée. Et tandis que je poireaute sur le quai, je surprends un dialogue :

« Je te dis que c'est elle !

— Denise Grey ? Tu plaisantes ! Celle-ci est franchement moche ! »

Assez mal à l'aise, j'essaie de tirer un peu plus sur ma capuche, quand un souffle d'air la rabat brusquement :

« Enfin ! Tu vois bien que c'est elle ! »

L'aventure m'a servi de leçon. On ne m'a plus jamais vue dans le métro sans maquillage.

Le succès de *George et Margaret* conduisit les Karsenty à organiser une tournée. Je signai et partis pour quatre mois : grandes villes de France, Belgique, Afrique du Nord. Un circuit que j'avais déjà emprunté et que j'ai par la suite bien souvent parcouru.

Cette tournée s'est déroulée agréablement. J'en garde surtout le souvenir d'avoir mis en route le projet des *Enfants d'Edouard* avant de partir. J'avais lu cette pièce en anglais, et la trouvant charmante, j'avais convaincu Marc Sauvageon d'en écrire l'adaptation française.

Mais l'intrigue, vers la fin, ne tournait pas très bien. Il manquait la chute.

La veille de mon départ, Marc me téléphone pour me dire :

« Denise, tu sais, je n'y arriverai pas. La fin n'est pas bonne, et je n'en trouve pas d'autre. Alors ne compte pas sur moi. »

Cette pièce racontait l'histoire d'une femme qui voyageait beaucoup. Une conférencière. Elle avait vécu trois aventures : la première avec un pianiste célèbre, la deuxième avec un diplomate britannique, et la troisième avec un inconnu qui s'était introduit une nuit dans sa chambre pour en repartir au matin.

Elle avait eu un enfant de chacun de ses amants.

Et comme en grandissant ces derniers s'inquiétaient de leur père, elle s'était procuré un tableau représentant un monsieur très digne, qu'elle avait baptisé Edouard en leur expliquant qu'il était leur père.

Tout cela fonctionne très bien, jusqu'au jour où la fille veut se marier. Alors là, panique. Le prétendant est le fils des voisins. Famille chic, propriété superbe, future belle-mère très rigoriste. Il n'est pas question d'annoncer à cette femme que la petite n'a pas de père. Elle romprait le mariage.

Et comme il faut en trouver un, la conférencière part en quête des vrais pères. Pas de problème pour les deux premiers. Ils sont non seulement connus, mais aisément repérables. Mais le troisième ?

A ce point de l'histoire, je conseillai à Marc :

« Il vaut peut-être mieux nous passer de l'inconnu, qu'en penses-tu ? Comment réussirait-elle à le retrouver ?

— Crois-moi, les gens trouveront son retour parfaitement naturel. Ils ne se poseront même pas la question. »

De fait, personne ne s'est jamais soucié de savoir comment elle avait pu remettre la main sur le rat d'hôtel.

La conférencière reçoit ses trois amants, successivement, au cours de scènes irrésistibles. Le pianiste d'abord, merveilleux artiste. Puis l'Anglais, rigide. Et face à l'inconnu, elle a un petit regain, non pas d'amour, mais de tendresse. Il lui a laissé un bon souvenir.

Lequel des trois va endosser la paternité ?

La pièce originale se terminait en queue de poisson.

« Tu comprends, il n'y a pas de fin. Du moins, elle n'est pas drôle », m'expliquait Marc la veille de mon départ.

Le lendemain il m'expédiait un télégramme :

« Eurêka ! J'ai trouvé ! »

Il avait inventé que la future belle-mère, Madame Duchemin ou Duchmock, venait en visite avec son fils, le jeune fiancé, et qu'au cours de la conversation elle finissait par confesser qu'elle n'avait jamais eu de mari.

« Il est mort sans avoir pu m'épouser. »

Sur quoi notre conférencière, se tournant vers le portrait, déclarait :

« Dans ce cas, Edouard servira pour tout le monde ! »

J'ai adoré cette pièce. Je m'y sentais très à l'aise. J'avoue que c'est un peu mon histoire, mais surtout elle convenait bien à ma nature. Plus mère qu'épouse, cette mère ne pensait qu'à ses enfants, ce qui correspond parfaitement à ce que je suis. Non que je n'aie aimé dans ma vie, mais j'ai toujours placé les enfants avant tout.

Les Enfants d'Edouard a vraiment été mon cheval de bataille. La pièce a connu un énorme succès. Nous l'avons jouée plus de cinq cents fois au théâtre de la Madeleine.

Je me souviens de cette période de ma vie comme d'un temps béni. Suzanne jouait avec moi. Elle tenait le rôle de ma fille. La famille Bervil était en bonne santé. Le couple marchait bien. J'avais installé mes enfants dans un bel appartement, avenue Carnot. J'habitais toujours rue Montpensier avec Charley. Rose, ma sœur, enfin rentrée d'Amérique du Sud, s'était installée avec nous.

Un seul point noir : je souffrais d'une hanche.

« Non, Madame, il ne s'agit pas d'arthrose », me dit le rhumatologue que j'avais consulté après avoir étudié mes radiographies.

« Pourtant j'ai très mal. Ça me gêne pour jouer.

— Vous pratiquez un sport ?

— Aucun. Jamais.

— Dans la pièce, faites-vous quelque effort particulier ?

— *A priori,* non. Je ne vois pas... Mais si ! Chaque soir, je raccroche le portrait d'Edouard ! »

Le tableau était lourd. Et il me fallait monter d'abord sur un tabouret puis sur un buffet pour le suspendre à son clou.

« Vous prenez toujours appui sur la même jambe ? me demande le spécialiste...

— Eh bien... oui.

— Alors pensez à changer de jambe. »

Et c'est avec une hanche en parfait état que j'ai conduit à deux reprises *les Enfants d'Edouard* en tournée.

Deux tournées en France et à l'étranger organisées, cette fois, non par les Karsenty, mais par Hubert de Malet, l'associé d'Elvire Popesco qui les prit de vitesse. Elvire Popesco avait, en effet, monté sa propre firme : France-Monde Production. Elle avait veillé elle-même au moindre détail, fixant le départ place de la Concorde où elle avait convoqué la presse pour assurer notre publicité.

De fait, elle nous avait dotés d'un équipage pour le moins spectaculaire. Nous savions que nous partions en car. Nous avons eu la surprise de découvrir, fabriqué spécialement pour elle, une espèce de monstre, articulé en deux tronçons, entièrement vitré, réservé aux comédiens et transportant également les décors. Le chauffeur se retrouvait isolé dans une cabine à part.

A notre intention, partout des fleurs, des chocolats, des livres. Popesco était là naturellement pour les adieux :

« Au revoir, mes chéris. Au revoir ! Ça va très bien marcher. Au revoir ! »

Suzanne, ma fille, ne pouvait me suivre. Mais partaient avec moi mes camarades Pisani et Michel

François, et surtout ma vieille amie Marcelle Praince. Nous avions une vingtaine d'années de différence. C'était une femme d'une autre époque. En vérité, car en 1900 elle avait déjà vingt-cinq ans, et donc, au moment de notre départ, dans les soixante-quinze ans.

Je la revois encore arriver vers ce car, place de la Concorde. Toujours très élégante avec ses jolies dentelles. Gantée, chapeautée, le parapluie lui servant de canne à la main, au bras un énorme sac dans lequel elle enfouissait tout un bric-à-brac, dont un « bourdaloue », sorte de pot de chambre, dont elle ne se séparait jamais.

La pauvre était malheureusement percluse d'arthrose et souffrait épouvantablement. Je connais maintenant cette maladie pour l'avoir moi-même subie. L'arthrose de Marcelle Praince reste un des thèmes récurrents de notre équipée.

Je me souviens, en particulier, d'un « arrêt-pipi » bienvenu en plein désert. La troupe a bondi du car et s'est égaillée, chacun trouvant à s'isoler facilement, sauf Marcelle Praince, coincée par ses rhumatismes. Furieuse, elle nous attendait au retour, le bourdaloue à la main pour nous balancer le contenu à la figure. Personne n'a été touché. C'est une chance.

Ayant mal à un bras, elle n'arrivait plus à se coiffer seule. Je m'occupais d'elle. En réalité, je l'aimais beaucoup. Elle était foncièrement bonne. Et je me souvenais de sa générosité lorsqu'elle nous accueillait dans sa demeure en Corrèze, même si elle avait développé, l'âge aidant, un culte un peu strict de l'économie.

Ainsi, plutôt que de dépenser au restaurant, elle préférait cuisiner elle-même des plats qu'elle réchauffait sur un petit fourneau à alcool dans sa loge d'où émanaient, aux heures des repas, d'intéressants fumets.

« Ecoute, il faut changer de cadre. Viens dîner avec nous ! » lui dis-je le premier soir.

Nous étions à Saint-Etienne, nous venions de repérer les lieux. Les coulisses du théâtre, endommagé pendant la guerre, se révélant inutilisables, il nous faudrait nous habiller dans les caves. Je trouvais le contexte un peu déprimant.

« Non, je vous rejoindrai plus tard. J'ai déjà préparé mon rôti de veau et mon riz. »

Je me souviens du couloir conduisant aux coulisses, d'une saleté repoussante. Je ne m'en méfiais pas et lors de la représentation je ramassai avec ma robe à crinoline balayant le plancher toutes sortes de papiers et de poussières que je traînai derrière moi en scène, accrochés à mon tulle et à mes fanfreluches.

Le confort des tournées à l'époque laissait encore à désirer. A Fez, c'est dans un cinéma, une belle salle toute neuve, que nous avons été conviés à jouer. En guise de loge, on nous avait attribué une petite salle située sous la scène.

J'avais déjà enfilé ma robe de velours noir, je coiffais Marcelle Praince, et je m'aperçois soudain que de curieuses pellicules ressemblant à de la suie couvrent nos vêtements. Je lève les yeux au plafond et j'observe un trou en train de se former. Du trou tombait de la sciure !

Nous sommes remontées à toute vitesse pour constater que le piano, pièce importante du décor que nous transportions partout avec nous, commençait à défoncer le plancher ! On avait simplement négligé de le munir de ses cales habituelles. Je suis intervenue juste à temps pour éviter le drame !

Les incidents divers ne sont pas rares en tournée. Certains sont amusants. D'autres plutôt pénibles.

Depuis la guerre, on voyage le plus souvent par le car. Et pour vivre ainsi plusieurs mois en vase clos, mieux vaut avoir la chance de tomber sur de bons camarades. Il faut naturellement se plier à quelques concessions. En ce qui concerne l'aération, par exemple, sujet d'innombrables discussions et contestations. Il y a ceux qui veulent voyager les vitres ouvertes et ceux qui préfèrent les garder fermées.

Voilà bien longtemps pour ma part que je me suis équipée de manière à ne pas souffrir sans pour autant imposer aux autres mes volontés. Je me suis fabriqué une espèce de guérite pour me protéger des courants d'air avec un chapeau de style tonkinois auquel j'attache une mousseline de soie qui m'enveloppe jusqu'aux épaules. La soie est un bon écran et permet de voir à travers.

Les hôtels laissent parfois à désirer. J'ai connu des chambres d'un sinistre ou d'un tarabiscoté ! D'autres en revanche d'un luxe, d'un goût ou d'un confort extraordinaires. Comme tous ceux sans doute qui ont l'habitude de voyager, je note deux points faibles dans l'hôtellerie : le chauffage et la lumière. Les lieux sont quelquefois trop, mais le plus souvent insuffisamment chauffés, l'installation électrique ayant été conçue par des gens qui n'ont jamais eu, à l'évidence, l'intention de s'en servir eux-mêmes.

Depuis longtemps j'emporte des lainages, dans ma valise, ainsi qu'une ou deux rallonges électriques.

Mais je fais du mimétisme, et m'adapte à tout. J'apprécie par ailleurs qu'on s'occupe pour moi des réservations. En règle générale, on nous loge en tournée de manière très correcte. De toute manière, nous les baladins ne restons jamais très longtemps au même endroit.

Pour revenir à cette première tournée avec *les Enfants d'Edouard,* je dois signaler qu'à Verviers, en Belgique, nous avons joué devant une salle vide. La faute en incombe au titre de la pièce. C'est aussi celui d'une œuvre de Casimir Delavigne ayant pour sujet les enfants d'Edouard IV, roi d'Angleterre, sauvagement assassinés. La troupe de Verviers reprenait régulièrement cette tragédie quand il n'y avait pas de tournée de passage. Lassés, les habitants n'ont pas cru bon de venir nous applaudir.

A Besançon, en revanche, la même confusion entre les deux spectacles nous valut la présence d'une classe de jeunes filles amenées par une religieuse. Elle pensait leur inculquer ainsi quelques notions d'histoire. Après la représentation, elle est venue nous saluer et nous a remerciés. Elle avait trouvé la pièce très amusante.

Je suis repartie en tournée avec *les Enfants d'Edouard* quatre ans plus tard, également avec France-Monde Production.

Rentrée à Paris après avoir soigné à Kermindoune ma paratyphoïde, je décide un soir d'aller aux Bouffes Parisiens avec ma fille voir Elvire Popesco jouer dans *la Machine infernale* de Jean Cocteau, rôle où elle excellait. Et dans le couloir conduisant aux coulisses, je croise Hubert de Malet.

« Et toi, qu'as-tu en route actuellement ? s'informe-t-il.

— Rien.

— Tu ne veux pas reprendre *les Enfants d'Edouard* ? Tout le monde réclame cette tournée.

— Hubert, vous êtes fou ! On ne peut pas rejouer cette pièce maintenant ! Pensez, nous l'avons jouée il y a seulement quatre ans !

— Puisque je t'affirme qu'on te demande... »

Je n'avais rien d'autre en vue. Mes finances étaient plus que basses. J'ai sauté sur l'occasion.

J'arrive dans la loge d'Elvire Popesco, le cheveu cendré. Je grisonnais depuis ma maladie, et j'aimais bien ça. Popesco me regarde et m'interpelle :

« Chérie, tu m'emmerdes avec des cheveux comme ça ! Je t'en prie, tu as le temps de devenir vieille ! »

En fait de conversation, j'eus droit à une longue tirade dont je m'amuse encore, car elle s'adressait à la fois à son teckel et à moi.

« Il est gentil ce chien, hein ? Allons, viens ici ! Je t'en prie, chérie, va chez le coiffeur te faire faire le blond que j'aime ! Laisse-nous tranquilles, je discute affaires avec Denise Grey. Alors, elle est gentille, ta fille, hein ? Tu vas gagner de l'argent, ça va te faire plaisir. Mais tu me promets, tu vas chez le coiffeur, tu ne restes pas comme ça. Mais il m'emmerde ce chien ! Il veut une femme et je ne peux pas la lui donner ! »

Elvire Popesco m'a attribué cette fois pour partenaire Misha Auer, Russe d'origine, vivant aux Etats-Unis, un garçon d'un talent exceptionnel gâché, hélas, par la boisson. A jeun, il était remarquable. Mais comme il s'enivrait presque tous les soirs, jouer avec lui n'a pas toujours été facile.

Il n'intervenait qu'au deuxième acte. Du coin de l'œil, je guettais son entrée. Et je savais immédiatement à quel degré d'alcoolémie il se trouvait.

Je l'ai vu ainsi arriver un soir, à Lausanne, complètement ivre. Pensant « Mon Dieu ! Il est incapable de sortir une réplique ! », je l'ai installé face à moi, et j'ai joué nos deux rôles, lui posant des questions dont je donnais les réponses :

« Chéri ! je savais que vous répondriez à mon appel. Asseyez-vous là, je vais tout vous expliquer... »

Il n'a repris un peu conscience qu'au piano. Et il a réussi à interpréter son morceau.

J'avais eu chaud !

Le lendemain, *la Tribune de Lausanne* titrait :

« Madame Denise Grey a tenu deux rôles, celui de Misha Auer et le sien. »

Une autre fois, il a carrément raté son entrée. Il n'est pas venu du tout et nul ne savait où il pouvait être. On a interrompu la pièce. Pour jouer, il me fallait au moins sa présence physique. On a fini par le retrouver couché dans un caniveau. Et on a repris quand il a été un peu dégrisé.

Ce garçon portait un râtelier qui devait le gêner. Dès le baisser de rideau, avant même de saluer, il le retirait et le glissait dans sa poche.

Ce geste lui était si naturel qu'un soir, à sa première entrée, il l'a oublié. C'est moi qui m'en suis aperçue. Je lui ai susurré à l'oreille :

« Misha, vos dents !

— Chérie, je vais les mettre. »

Il est sorti. Et en attendant son retour, j'ai brodé, inventé... Il fallait bien meubler !

Je préfère pour ma part des comédiens un peu moins géniaux, mais plus fiables. Comme partenaire fantaisiste, mais dans un autre registre, j'ai eu aussi Armontel. C'était d'ailleurs dans la pièce que j'ai jouée ensuite : *Il faut marier maman.*

Ce garçon avait également un talent fou. En toute logique, il aurait dû prendre la relève de Victor Boucher. Sauf qu'il avait la spécialité d'inventer son texte. Il fallait toujours qu'il ajoute un morceau de son cru.

J'avais vraiment du mal à le suivre. J'ai besoin qu'on me donne la réplique convenue. Pour interpréter fidèlement mon rôle, ce qui est en fait ce qu'on attend de moi, il faut aussi que je retrouve face à moi le même personnage chaque soir.

Agacée par les élucubrations de mon partenaire, je l'ai pris entre quatre yeux :

« Ecoute, je te préviens. Si tu continues à me faire

ton texte personnel, je quitterai la scène. Et tu resteras tout seul. »

Peu impressionné, il a persisté. Alors j'ai mis ma menace à exécution, je suis sortie en le laissant se débrouiller sans moi pour ne revenir qu'à la fin.

La leçon a porté. Il n'a plus jamais recommencé.

Armontel ne m'en a pas tenu rigueur. C'était au fond un garçon gentil. Je ne nie pas non plus sa drôlerie. Simplement, je ne peux pas jouer dans de telles conditions.

C'est Pierre Dux, devenu l'administrateur du théâtre de Paris dont Marcel Karsenty avait pris pour deux ans la direction, qui m'avait contactée. Il cherchait une pièce gaie.

Il m'a envoyé un premier texte d'un auteur d'avant-guerre dont j'ai oublié le nom, me demandant mon avis. Une histoire d'amant de cinq à sept. Le sujet me parut périmé.

Il m'en adressa un second. Même réaction.

Finalement, je lui suggérai une opérette. La musique était de Guy Lafarge et le livret de Serge Weber. J'avais quand même un doute :

« Le théâtre de Paris est peut-être trop grand. Je la vois mieux aux Capucines.

— Essayons tout de même une lecture. »

J'avais eu raison en ce qui concerne la taille de la salle. Le spectacle, au demeurant charmant, n'a tenu que la saison à Paris. La tournée, en revanche, a très bien marché. J'emmenais avec moi cinq ravissantes filles, au nombre desquelles Odette Laure, vive, intelligente et si drôle, et j'avais pour partenaires Armontel, déjà cité, et Robert Thomas remplaçant Duvaleix, retenu ailleurs.

A Lyon, j'ai vécu une bien pénible aventure, arrivant ivre en scène, pour la seule et unique fois de ma vie.

Je n'ai jamais compris ce qui m'était arrivé.

Le maire de Villefranche-sur-Saône nous avait invités, Armontel et moi, à visiter des caves en fin de matinée.

Peu habituée à boire à jeun, craignant également de prendre froid dans les chais et de m'abîmer la voix, j'avais laissé Armontel jouer seul les taste-vin, attendant paisiblement le retour de ces messieurs pour déjeuner devant un bon feu.

A table, comme apéritif, j'acceptai un verre de beaujolais blanc. Puis vers la fin du repas, un verre de beaujolais rouge. Je bavardais allégrement. Je me sentais très en forme.

Vers quatre heures, j'ai regardé ma montre, et j'ai demandé à mon hôte si son chauffeur pouvait me reconduire, expliquant :

« J'aime pouvoir me reposer un moment avant la représentation. »

Arrivée à l'hôtel, je suis montée dans ma chambre. Et comme je m'allongeais sur mon lit, j'ai vu les murs basculer. J'ai essayé de me redresser. Autour de moi, tout tournait. J'étais soûle !

Pour être tout à fait honnête, j'avais déjà expérimenté cette sensation une fois. J'avais alors vingt ans, en 1916. J'avais dîné avec Henri. Il m'avait servi un peu trop de champagne. Je jouais à l'époque à l'Athénée et j'avais deux mots à prononcer à la fin du premier acte. J'avançais sur le seuil et je disais :

« Madame la Comtesse ! »

Je n'ai jamais pu.

J'ai répété bêtement :

« Madame la Com... Madame la Com... »

Je ne me souviens de rien. Rosenberg m'a raconté qu'on a baissé le rideau. On m'a transportée dans ma loge où on m'a fait boire du café salé. Et l'entracte heureusement m'a donné le temps de récupérer.

A Lyon, j'ai passé des moments plus difficiles. J'ai

d'abord eu du mal à me relever, bien plus encore à traverser seule la place qui me séparait du théâtre. En réalité, je l'ai contournée en m'appuyant aux murs. Et je me demande encore comment j'ai pu jouer. J'avais une page et demie de texte à débiter d'un trait. Je me suis cramponnée à la main d'Odette Laure, ma « fille ». Sa paume a porté un moment les marques de mes ongles. Et j'ai réussi à réciter mon texte en serrant les dents. Je devais avoir une drôle de tête, mais je sais que je n'ai pas sauté un mot. J'ai tout dit.

Odette Laure m'a aidée ensuite à regagner les coulisses. Elle s'inquiétait :

« Vous êtes malade ?

— Pire : ivre morte ! » ai-je répondu pour la rassurer.

La Mamma

Ma vie s'est ensuite tricotée de pièce en tournée et de tournée en pièce, auxquelles s'ajoutait, de temps à autre, un film.

Nous avons terminé la saison à Paris en jouant *Il faut marier maman* au théâtre Bobino, à court de spectacle.

J'ai enchaîné la saison suivante avec deux pièces. *La Mare aux canards* aux Variétés et *Dorothée*, adaptée d'un conte de Somerset Maugham, au Saint-Georges.

La première a marché gentiment. Avec la seconde, le déclic ne s'est pas produit. Il s'en faut parfois d'un rien. Nous avons malgré tout tenu l'affiche plusieurs mois.

Exceptionnellement, je n'ai pas créé *Dorothée* à Paris, mais en Belgique. J'avais pour partenaires deux jeunes comédiens charmants, Daniel Ceccaldi et Yolande Laffont. Cette dernière, fine et distinguée, pleine d'esprit, était l'épouse du directeur du *Figaro*, Pierre Brisson. Je l'entends encore s'exclamer, dans les coulisses d'un petit théâtre belge, se rinçant les mains dans la cuvette commune, d'une propreté douteuse, posée sur un poêle à charbon :

« Ah, ma chère Denise, si le directeur du *Figaro* me voyait ! »

Elle ne travaillait pas par obligation, elle avait la passion de notre métier.

L'ambiance était souvent très gaie. Si bien qu'un soir en scène, à la suite de je ne sais quelle bêtise, Yolande Laffont, de rire, a mouillé le canapé !

Elle avait la spécialité de nous conter d'un air ingénu, de sa petite voix douce et sur un ton uni, les histoires les plus lestes dans les termes les plus crus. Malheureusement pour elle, M. Lolotte, le directeur du théâtre de Gand, était un peu sourd. Lors d'un dîner auquel il nous avait conviés dans un restaurant élégant, n'ayant pu saisir la fin d'un récit perdu pour lui dans le brouhaha de la salle, il lui demanda de répéter.

Yolande s'exécuta, haussant même la voix pour être entendue. Il se trouva qu'au même instant, pour une raison imprévisible, les conversations s'étaient interrompues. Et la chute, d'une grossièreté rare, prononcée par cette dame distinguée, tomba dans un silence de mort, provoquant, la surprise passée, un fou rire général.

Le même M. Lolotte avait déjà été le témoin d'un autre incident lors de la seconde tournée des *Enfants d'Edouard*. Nous ayant invités dans un lieu raffiné, il vit Misha Auer, à peine assis, se commander un double whisky et un steak tartare. Servi en priorité, Misha vida son verre d'un trait. Puis il se leva, enveloppa soigneusement le steak tartare dans sa serviette, et sous l'œil ahuri de M. Lolotte nous quitta sans autre préambule, serrant sous son bras le précieux paquet.

En rentrant de la tournée de *Dorothée*, j'ai joué

avec mon gendre une pièce de Michel Durant, *Faites-moi confiance.*

Je n'ignorais pas que le ménage de Suzanne se détériorait, ni elle ni son mari n'acceptant de faire des concessions. André Bervil m'annonça leur séparation un soir, avant le lever de rideau. Séparation à la fois réelle et relative puisqu'il continua à aller voir ses filles tous les jours avenue Carnot, et c'est à Kermindoune qu'il passa sa convalescence après son second infarctus.

Kermindoune où s'était installé Charley après avoir pris sa retraite. Il gérait la propriété et s'occupait du jardin. Il composait de ravissantes aquarelles représentant ses plates-bandes. Et si le résultat le satisfaisait, il se rendait à Vannes chez M. Méchin, son grainetier, pour choisir, ses croquis à la main, les plantes et les graines nécessaires à la réalisation de ses tableaux. Nous avions le même goût pour la nature. Le jardin était vraiment beau.

Rose, ma sœur, disposant d'une petite rente, s'était également établie à Kermindoune. Elle tenait la maison. Charley et elle se chamaillaient ; en même temps, ils s'estimaient et veillaient l'un sur l'autre. Je courais les rejoindre dès qu'une pièce ou une tournée me laissait un peu de liberté. Et je passais tous les étés avec eux.

Je suis partie en tournée Karsenty avec *les Parents terribles,* de Jean Cocteau, en compagnie de Véra Normand, du jeune Serge Rousseau et de la merveilleuse Valentine Teissier.

Je rappelai à Valentine, dans le car, qu'étant allée, toute jeune, l'applaudir au théâtre, je lui avais déclaré :

« Quand on vous voit, on a envie de mettre sa tête sur votre épaule et de ne plus bouger. »

Cette évocation l'amusa.

« Quel dommage que les bonshommes ne me le disent plus ! » me répondit-elle en riant.

La pièce, créée à l'origine par Jean Marais et Yvonne de Bray, m'a donné au départ un peu de fil à retordre. J'admirais le talent de Marguerite Jamois, le metteur en scène, et j'étais heureuse de travailler sous sa direction, mais je me souviens d'une répétition houleuse à propos d'un mouvement qu'elle me montrait avec un gant et que je n'arrivais pas à effectuer selon ses vœux. Entre nous, la tension montait. Finalement, exaspérée, je lui intimai :

« Allez prendre un verre, vous en avez besoin. Et quand vous reviendrez, je vous le ferai, ce geste ! »

C'est pendant cette tournée, délicieuse et paisible — nous étions cinq et nous avions les mêmes goûts —, que je reçus le coup de téléphone de Pierre Descaves me demandant de revenir au Français.

En attendant, je créai *Bon week-end Monsieur Bennett* à la Gaîté-Montparnasse, une pièce charmante, adaptée de l'anglais par Paule de Beaumont et mise en scène par Michel Vitold, dans laquelle je tenais le rôle d'une hurluberlue, un peu fofolle, mais sympathique, avec Henri Guisol pour partenaire.

Michel Fagadau, le directeur du théâtre, avait pris soin de s'assurer, avant de nous engager, que nous formions un vrai couple, du moins un couple vraisemblable.

Il m'avait envoyé la pièce à lire, puis il était venu chez moi discuter des conditions du contrat. Et au moment de repartir, il m'avait dit :

« Ecoutez Denise, le metteur en scène aimerait vous connaître. »

Metteur en scène remarquable, Michel Vitold, d'origine russe, est également excellent acteur. Je l'avais vu sur scène, mais nous ne nous étions jamais rencontrés. Comme il jouait à ce moment-là une pièce formidable, *Ouragan sur le Caine,* Fagadau m'offrit des places pour le spectacle.

Au théâtre, je découvre que le siège voisin du mien est occupé par Henri Guisol. Il s'étonne :

« Vous êtes là aussi ?

— Naturellement, mon cher Henri. On nous a convoqués ensemble pour vérifier si je ne suis pas trop vieille pour vous ! »

Je savais que Fagadau pensait à Guisol pour le rôle. Pourquoi ne pas nous avoir simplement conviés à nous présenter ensemble ? La ficelle était un peu grosse. Nous en avons bien ri.

L'aspect physique entre en ligne de compte. On ne doit pas mélanger les genres si l'on veut qu'un couple, même de théâtre, garde une certaine crédibilité.

Ce n'est pas un hasard si Jean-Pierre Mocky nous a réunis, Charles Vanel et moi, l'été dernier. Le couple ne peut opérer que s'il a l'air vrai.

J'ai créé *Bon week-end Monsieur Bennett* l'année de mes soixante ans. La pièce a très bien marché. Nous l'avons jouée plus de quatre cents fois. La distribution était excellente avec, entre autres, Jacques Higelin jouant le rôle de mon fils. Guy Bedos, jeune débutant, révélait un don de comédien assez extraordinaire. Et Guisol était d'une drôlerie ! Tous les soirs, je l'écoutais. C'est merveilleux d'entendre un texte dit avec intelligence, et de savoir que chaque fois le public va rire, aussi sûrement que si l'on pressait sur un bouton.

En 1958, à l'exception de Jacques Higelin, nous sommes partis en tournée avec cette pièce. Et nous devions atterrir à Alger pile le jour où le putsch éclatait.

Le circuit de l'Afrique du Nord était immuable : on commençait par Tunis, jouant jusqu'au dimanche en matinée. Le lundi, on prenait l'avion pour Alger où l'on donnait la première représentation le mercredi.

A six heures du matin, ce lundi-là, l'administrateur me téléphone :

« Denise, on se bat à Alger de manière effroyable. On risque de ne pas partir. Préparez quand même vos valises, je vais voir si nous pouvons monter dans le dernier avion. »

Plus de vols. Nous avons pris le bateau. La traversée s'effectuant de nuit, Karsenty nous a téléphoné vers les trois ou quatre heures du matin :

« Ne descendez pas à Alger. Rentrez à Marseille. Vous repartirez demain pour Oran où il n'y a pas d'incidents et vous pourrez donner vos représentations. »

Nous sommes donc allés à Oran, où nous avons joué normalement, et ensuite à Casablanca où je me suis hélas fêlé un doigt de pied en heurtant le montant du lit.

Je boitillais en quittant le Maroc. Je ne pouvais plus me chausser. Et j'avoue qu'en arrivant à Orly, tenant ma chaussure d'une main et ma petite valise de l'autre, seule pour récupérer mes bagages, mes camarades étant tous rentrés chez eux sans s'occuper de moi, j'en ai eu brusquement gros sur le cœur. En tournée, un tel manque de solidarité est assez rare.

« Que vous arrive-t-il ? » m'a demandé l'un des machinistes voyageant avec nous. « Oh, ce n'est pas gentil ! »

Il m'a tirée d'embarras en allant chercher un taxi, puis m'a déposée à la maison.

Quinze jours plus tard, Karsenty a recontacté chacun de nous :

« Alger paraît plus calme. Nos abonnés seraient contents de vous voir jouer la pièce. »

Nous aurions pu refuser. Nous sommes tous

partis. Les combats continuaient dans les rues mais nous sommes passés au travers. Et au milieu de cette ambiance épouvantable, nous avons donné nos trois représentations.

Au retour, je songeai à quitter la rue Montpensier pour m'établir avenue Carnot avec ma fille et mes petites-filles. J'aidais Suzanne depuis son divorce. La charge des deux appartements en sus de Kermindoune devenait très lourde.

Mes petites-filles grandissaient, prenaient de l'indépendance, sortaient sans qu'on sache où elles allaient. Leurs parents semblaient s'en accommoder. Je m'inquiétais jusqu'à en perdre le sommeil. J'ai toujours été une grand-mère angoissée. C'est mon côté mère poule.

Je ne me séparais qu'à regret de la rue Montpensier où j'avais vécu vingt-six années heureuses. Je me résolvais difficilement à ne plus goûter le charme de cette vue sur les jardins du Palais-Royal où il m'arrivait, le dimanche, de rencontrer Colette, ma voisine.

A la belle saison, elle s'installait toujours près du bassin, les jambes allongées sur un fauteuil.

« Où vas-tu ? » me demandait-elle en me voyant, avec mon mari, passer dans l'allée.

« A Notre-Dame-des-Victoires.

— N'oublie pas de prier pour mon arthrose droite. »

Je ne suis pas très pratiquante, mais j'ai une foi profonde et le goût des églises...

Un temps, j'essayai de sous-louer l'appartement de la rue Montpensier. Mais le locataire que j'avais trouvé n'était pas des plus discrets. Et comme il organisait de grandes fêtes toutes les nuits, mon propriétaire n'a pas tardé à s'apercevoir de sa présence. Il m'a fallu changer mon fusil d'épaule.

J'ai aussi pensé à vendre une parcelle de ma

propriété de Kermindoune. J'en parlai à mon notaire. Mais à l'idée de voir les lieux investis par des populations bruyantes, je reculai.

J'étais en tournée à Lausanne quand j'appris que le fils du peintre Matisse se portait acquéreur. Hélas, j'avais déjà donné ma parole à une amie de lui céder la rue Montpensier. Et ne pouvant la renier, j'ai emménagé avenue Carnot.

J'ai alors joué une pièce policière de Robert Thomas, *les Huit Femmes*. Cette pièce avait été créée au Maroc, elle devait être reprise au théâtre Edouard-VII, et l'auteur me connaissant (il avait été mon partenaire dans *Il faut marier maman*) avait pensé à moi. Il m'a envoyé son texte que j'ai lu en Belgique où j'étais en tournée. Je l'ai trouvé très bon, et j'ai accepté.

Une vraie intrigue, du suspense, une excellente mise en scène de Jean Le Poulain, tout concourait au succès.

Pas un personnage masculin. Seulement huit femmes, dont mes amies, hélas disparues, Jane Marken et Claude Génia, également directrice du théâtre Edouard-VII.

Un mauvais souvenir, en ce qui me concerne : victime d'une crise de paludisme, j'ai cru un soir ne pas pouvoir honorer mon contrat. Comment jouer avec quarante de fièvre et les dents qui claquent ?

Je me suis quand même traînée jusqu'au théâtre. Et tandis que Claude Génia insistait pour me renvoyer chez moi, je surpris le commentaire cynique d'une camarade :

« Ne t'inquiète pas, elle jouera. Elle est au pourcentage ! »

Quand la sonnerie a retenti, le miracle que je n'osais plus espérer s'est produit. J'ai cessé de trembler et je suis entrée en scène. J'ai tenu mon rôle dans un état second et je suis arrivée chez moi épuisée. Mais le spectacle a eu lieu.

A suivi une tournée Karsenty-Herbert particulièrement agréable et gaie. Pas d'accroc, et que des visages sympathiques.

Elle nous a amenés à Vannes. Et comme nous passions non loin de Kermindoune, j'ai prévenu Charley et j'ai organisé un pique-nique. Chacun s'est mis aux fourneaux. Charley était ravi, et je crois que tout le monde s'est amusé.

Au grand dam de l'administrateur, inquiet pour la représentation de la soirée, Jane Marken avait un peu forcé sur la boisson. Mais nous l'avons couchée dès l'arrivée à l'hôtel, et après quelques heures de repos, elle a joué le soir merveilleusement.

La saison suivante fut moins brillante car je donnai mon accord pour une mauvaise pièce. Si l'idée de vieillir ne m'a jamais beaucoup préoccupée — il faut souffrir ce qu'on ne peut éviter —, celle de trouver moins facilement du travail, l'âge venant, m'a en revanche terriblement angoissée à partir de cette période. J'assumais de lourdes responsabilités.

J'ai eu la grande joie malgré tout de jouer ensuite *la Mamma* que j'emmenai en tournée, en reprenant le rôle créé par Popesco.

« Sans l'accent », m'avait spécifié Roussin. Je crois avoir réussi à me distinguer, par mon interprétation, de cette grande comédienne. Et je me suis passionnée pour ce personnage mettant en jeu toute la gamme du registre.

Mais cette pièce m'a marquée pour une double raison : c'était ma première tournée Baret depuis ma jeunesse, et surtout, le 14 juillet (comment oublier cette date ?) est née ma première arrière-petite-fille, Delphine, la fille de Catherine.

J'ai eu la voix cassée pendant toute la tournée. Roussin assistant à la dernière répétition, je l'avais forcée comme si j'avais dû jouer devant une salle pleine de spectateurs, alors que j'avais un début de laryngite.

Résultat net : Mamma enrouée tout au long du parcours, en dépit d'une consommation intensive d'aérosols. Mais grand succès tout de même auprès du public de province qui, surpris de me voir surgir avec une perruque brune, ne me reconnaissait que lorsque je commençais à parler.

La tournée de *la Mamma* terminée, je me précipitai à Kermindoune pour soigner Charley dont la santé déclinait. Je passai auprès de lui deux semaines, puis il me fallut rentrer à Paris car commençaient les répétitions de *Bon week-end Monsieur Bennett* pour l'émission de Pierre Sabbagh, « Au théâtre ce soir ».

Je retournai en hâte auprès de Charley quand j'appris — je téléphonais tous les jours — que le médecin avait ordonné l'hospitalisation.

Charley avait dit au docteur :

« Je ne demande qu'une chose, c'est d'avoir ma femme auprès de moi. Je l'attendrai. Du moins j'espère pouvoir l'attendre. »

J'ai pris le train de nuit. Je suis arrivée à l'aube. Il m'attendait. Je n'ai plus quitté son chevet. J'ai eu le bonheur de passer encore deux jours à ses côtés. Le second soir, il s'est éteint paisiblement.

Je rentrai en septembre à Paris, Jacques Charron m'ayant proposé un rôle dans *Quarante Carats,* court mais important. Mon premier rôle de grand-mère !

Jouaient avec moi cette pièce de Barillet et Grédy, au théâtre de la Madeleine, Jacqueline Gauthier, tête d'affiche, Bernard Lavalette, et Philippe Etesse, devenu par la suite sociétaire de la Comédie-Française.

Nous avons rempli la salle tous les soirs deux saisons durant. Le succès était tel que j'ai craint, un moment, ne pouvoir me libérer pour me rendre en

Bretagne où avait lieu le mariage de ma seconde petite-fille, Sophie. Mes camarades, unanimement, ont soutenu ma demande, s'engageant pour leur part à ne plus demander aucun congé tant que la pièce resterait à l'affiche. Et grâce à eux j'ai pu m'échapper une journée pour courir à Vannes, entre deux trains, embrasser les jeunes mariés.

En 1968, pendant ce séjour au théâtre de la Madeleine, Claude Aveline, aujourd'hui mon voisin à l'Ile-aux-Moines, est venu me proposer un soir dans ma loge de relever un défi : parler seule soixante-dix minutes devant une caméra de télévision.

Le texte, de lui, s'appelait *l'Entretien.* C'était le monologue d'une vieille dame confinée dans sa solitude, reniée de tous à la suite d'un drame ayant écartelé sa famille dont on la rendait responsable. S'adressant à un interlocuteur invisible, elle dévidait ses souvenirs, essayant de reconstituer l'enchaînement des événements. Quinze cents lignes à apprendre, et surtout quinze cents lignes à jouer seule face à l'appareil.

J'ai lu le texte et malgré la difficulté qu'il présentait, emballée, j'ai accepté. D'autant que le texte d'Aveline formulait un certain nombre de remarques et de conseils que j'aurais aimé exprimer moi-même.

A l'époque, je n'avais plus la confiance de Catherine, l'aînée de mes petites-filles, âgée de vingt-cinq ans, et j'en souffrais. Je ne la comprenais pas. Je cherchais à la comprendre, mais sans y arriver. Elle refusait le dialogue, contrecarrant agressivement le moindre de mes propos.

Et j'ai pensé que *l'Entretien* pouvait m'aider à communiquer avec elle.

J'ai répété dans la douleur, la bouche à vif car envahie d'aphtes au point que j'étais obligée de me recouvrir les dents avec du chewing-gum pour ne pas trop me blesser. Arrivée à l'extrême limite de ce que je pouvais endurer, j'ai voulu rendre les armes. Je suis allée trouver André Bernheim, sous la direction duquel je travaillais, pour lui dire que je renonçais.

« Impossible, Denise, je n'ai personne pour vous doubler. »

En guise de réponse, je lui tirai la langue. Effrayé de la découvrir en sang, il m'a conduite illico chez un allergologue.

« Il s'agit à l'évidence d'une allergie. Mais nous n'avons plus le temps d'effectuer des tests. Je vais simplement tenter une piqûre. »

Miraculeusement, dès le lendemain j'ai été soulagée. Le mal régressait. J'ai pu jouer normalement.

Mais le soir de l'émission, déception ! J'espérais que Catherine me tiendrait compagnie et la regarderait avec moi. Je voulais observer ses réactions.

« Je vais chez des amis. Ils ont la couleur. »

Le cœur gros, je l'ai laissée partir. Et puis je l'ai vue revenir avec des yeux à la coque, rougis par les larmes. Et elle s'est jetée à mon cou :

« Mamie, mes amis m'ont dit que, si tu as si bien joué, c'est parce que tu pensais à moi !

— Oui, je t'ai dit des tas de choses que je voulais te dire et que tu ne voulais pas écouter. Je crois que tu viens de les entendre. Alors je suis contente. »

C'est elle qui a eu le mot de la fin :

« Non, Mamie, non, je ne suis pas un bloc de glace ! »

Je suis alors partie en tournée avec *Quarante Carats*. Au retour, l'été, j'étais pour la deuxième fois arrière-grand-mère, Sophie ayant mis au monde une petite Pia, bientôt suivie d'un garçon, Gwen, puis d'une seconde fille, Chloé.

Et le Théâtre des pays de Loire me proposa d'emmener en tournée une pièce charmante et drôle d'Oscar Wilde, adaptée par Jean Anouilh : *De l'importance d'être constant.*

Celle-ci a été marquée par un incident qui a failli tourner à mon désagrément.

Nous donnions ce soir-là notre spectacle dans un théâtre de fortune. Et je découvris qu'il n'y avait pas de toilettes dans les coulisses. Si je traversais la salle pour m'y rendre une fois habillée, j'allais gâcher le plaisir du public qui n'aurait plus la surprise de découvrir mon costume — une robe de 1880, dotée de plumes et de falbalas et, à l'arrière, d'un pouf.

Par prudence, je me procurai dans un bazar un verre mesureur carré muni d'un couvercle.

Seulement, le spectacle terminé, alors que je pensais filer discrètement vider moi-même l'ustensile, croyant la salle vide, je me suis retrouvée brusquement, dès mon entrée, environnée d'une flopée de spectateurs me demandant des autographes.

Coincée, j'ai signé avec un sourire un peu contracté, en prenant appui mine de rien sur mon verre dont le couvercle m'a servi d'écritoire.

En rentrant à Paris, je jouai *En avant toute !* de Roger Nicolas.

Mais estimant qu'à mon âge chaque proposition de travail risquait aussi d'être la dernière, je commençai à envisager sérieusement de mettre en vente ma maison de Kermindoune. La raison me dictait de me séparer de cette propriété de plus en plus lourde à entretenir. Or cette simple idée me rendait malade et désespérait également ma fille et mes petites-filles. M'inquiétant cependant de leur avenir, je vendis d'abord du terrain et leur achetai des studios en ville.

Chacune ayant le sien, Sophie s'étant en outre établie à Poitiers depuis son mariage, garder le grand appartement de l'avenue Carnot ne se justifiait plus. Je m'en suis donc séparée.

Je venais de rentrer à Kermindoune quand mon ami Janvier, lui aussi mon voisin à l'Ile-aux-Moines aujourd'hui, directeur des tournées Baret, m'a téléphoné :

« Ma chère Denise, ne voyez-vous pas une pièce avec laquelle vous pourriez partir ? »

Après avoir réfléchi, je lui ai suggéré *la Soupière* de Robert Lamoureux.

« Elle est très amusante. »

J'ai repris le rôle créé par Françoise Rosay, et Philippe Lemaire celui de Robert Lamoureux, ni l'un ni l'autre ne pouvant se déplacer.

La pièce a très bien marché, nous emmenant même jusqu'à Nouméa pour deux représentations. Max Maurey nous avait engagés pour donner, au retour, cinquante représentations au théâtre des Variétés. C'est la peur au ventre, comme toujours, mais l'esprit malgré tout plus tranquille que je suis montée dans l'avion. Mon escarcelle ainsi regarnie, j'allais pouvoir garder Kermindoune une année de plus.

Du « Tube » à « la Boum »

L'été 1974 s'annonçait merveilleusement bien. A soixante-dix-huit ans, je m'apprêtais à jouer *le Tube* de Françoise Dorin, au théâtre Antoine, avec François Périer dans le rôle de mon fils.

Daniel Darès, l'administrateur du théâtre, m'avait envoyé le manuscrit et j'avais signé avec enthousiasme après l'avoir lu. Pour avoir vu jouer *Un sale égoïste,* interprété par Paul Meurisse, et *la Facture* par Jacqueline Maillan, je connaissais le talent d'auteur de Françoise Dorin, et sa façon d'étudier à fond les problèmes auxquels elle s'attaque. *Le Tube* traitait en outre d'un sujet qui m'intéressait particulièrement : le conflit des générations.

M'enfermant à Kermindoune tout le mois de juin en compagnie d'une amie m'aidant à apprendre mon texte, je travaillai d'arrache-pied pour être prête début juillet. J'attendais à cette date toute ma famille pour les vacances. Et j'espérais bien profiter de leur présence avant de repartir à Paris où les répétitions devaient débuter le 5 août.

Une distraction de ma part faillit compromettre

tous ces beaux projets. Le 2 juillet, conversant, dans le jardin, avec ma gardienne penchée à une fenêtre, je reculai sans regarder derrière moi. Mon talon heurta une souche, je trébuchai et m'étalai de tout mon long.

On m'aida à me relever, mais comme je souffrais, on me conduisit à l'hôpital pour une radiographie. Le diagnostic tomba comme un couperet :

« Fêlure du trochanter. »

Le chirurgien, qui est aussi un ami, me prescrit l'immobilité complète pendant deux mois. Je m'insurge :

« Impossible, je travaille le 5 août !

— Désolé, ma chère Denise, mais je suis formel. Je vous interdis de mettre ce pied par terre avant le 10 septembre. »

Dès mon retour à Kermindoune, je téléphone à François Périer qui assurait également la mise en scène de la pièce.

« François, voici ce qui m'arrive... »

Il est atterré. Mais une idée lui vient :

« Il était bien prévu initialement que dans ma mise en scène vous deviez jouer allongée sur une méridienne ?

— Oui, mais...

— Alors pas de problème. Vous répéterez étendue, et vous jouerez étendue. »

Le 17 août, je suis rentrée à Paris en ambulance, accompagnée par ma fille. On m'a emmenée directement au théâtre, et j'ai pris mes quartiers dans ma loge car il était impossible que je rentre tous les soirs dans mon hôtel.

Simone Bériau, la directrice, Héléna Bossis, sa fille, Daniel Darès, l'administrateur, mes camarades, le personnel du théâtre m'ont chouchoutée comme il n'est pas permis. Visites, télévision, téléphone, fleurie tous les jours. Jacky, le fils du patron du restaurant voisin, *Arthur,* m'apportait quotidiennement mon déjeuner « à domicile ». Le soir, la concierge du théâtre me préparait un potage ou du café au lait.

Je ne m'ennuyais pas. Je ne m'ennuie jamais. J'ai énormément tricoté durant cette période.

Nous répétions en présence de l'auteur. J'étais ravie de travailler avec Françoise Dorin. J'avais compris en l'écoutant qu'elle avait un sens certain du rythme et des effets. Et je suis arrivée à ce qu'elle voulait un jour où Périer et elle étaient dans la salle. Ils m'ont crié :

« Ça y est, Denise. C'est formidable ! »

Elle m'a confié par la suite qu'elle avait eu la joie pendant nos quelque 600 à 700 représentations d'entendre exactement les intonations, le rythme et les inflexions qui n'avaient pas bougé.

De toute manière, je me garde bien, et depuis fort longtemps, de modifier un texte sans l'accord de son auteur. J'ai plutôt mauvais goût dans ce domaine. Je me souviens avoir été obligée un soir d'improviser, du temps où je jouais Oreste dans *la Belle Hélène,* Max Dearly ayant raté son entrée, au cours du tableau final. Oreste se livre à un commentaire sur la température, du genre : « Il fait un peu frisquet, ici, sur la plage... » Pour allonger la sauce, j'ai ajouté : « Oh, mais cette chaleur, c'est intenable, c'est insoutenable... »

« Abstiens-toi, mon petit, abstiens-toi ! » m'a intimé Max lorsqu'il est arrivé.

L'incident m'a servi de leçon.

J'ai eu l'occasion, en revanche, de suggérer de légères modifications. Les auteurs, en général, les ont acceptées.

Le 10 septembre, je suis allée, toujours en ambulance, chez le radiologue.

« La soudure n'est pas encore totale, mais vous allez pouvoir marcher. »

La première représentation a eu lieu le 13. On m'a portée en scène avant le lever de rideau, et j'ai joué... assise. Mais je me suis levée à la fin pour exécuter quelques pas de danse au bras de François Périer.

Me croyant tirée d'affaire, j'ai quitté ma loge pour m'installer dans un petit hôtel de la rue Jacob, n'ayant plus d'appartement à Paris.

A peine deux semaines plus tard, le 3 octobre, alors que je monte l'escalier pour aller au bureau retenir des places (la pièce remportait un tel succès que personne ne parvenait à en avoir et je voulais faire plaisir à des amis), je me retourne pour dire à mon habilleuse :

« Regardez, Thérèse, comme je marche bien, maintenant ! »

Je manque la marche, tombe sur ma cheville et me retrouve sur le dos.

Intervention des pompiers. Nouvel hôpital.

« Double fracture des malléoles. »

Cette fois, les médecins ont voulu me garder. Le spectacle a quand même continué, Françoise Dorin me remplaçant en lisant mon texte. Et Daniel Darès est venu me voir :

« Alors, Denise, comment ça va ?

— Je vais très bien. Je mange bien, je bois bien, je dors bien. Et je ne souffre pas.

— Alors, vous pouvez reprendre ?

— C'est impossible, avec mon plâtre !

— Pourquoi pas ? »

L'accident s'est produit un mercredi. Le dimanche, j'étais de nouveau en scène, ayant réintégré ma loge, cette fois pour plusieurs mois. Je garde un excellent souvenir de ce séjour. Je n'ai jamais été autant choyée et dorlotée de ma vie.

Cette période du *Tube* a été fertile en événements.

J'ai déjà raconté comment Daniel Darès et Héléna Bossis ont organisé dans ma première loge des Folies-Bergère une grande fête pour mes soixante ans de théâtre. J'y ai retrouvé, outre ma famille, de nombreux amis du théâtre, dont Françoise Dorin, bien sûr, et François Périer que je voyais sur scène tous les soirs avec une émotion particulière. Il était le fils que je n'ai jamais eu et que j'aurais aimé avoir.

C'est lui également qui, pour la 505e représentation du *Tube,* a prononcé, dans le foyer du théâtre Antoine, l'allocution lorsqu'on m'a remis la Légion d'honneur.

Je n'avais pas sollicité cette décoration, que je croyais réservée « aux héros de la guerre », comme me le rappelait Pierre Dux en 1984, lorsque lui m'a conféré celle d'officier de l'ordre national du Mérite, au théâtre des Variétés. J'estime parfaitement justifiée la Légion d'honneur de Marcelle Praince. Elle a œuvré pour la France en allant au front jouer pour les armées tout au long de la guerre de 1914.

Plus récemment, en 1987, pendant que je jouais *Harold et Maude,* au théâtre Antoine, j'ai encore été nommée commandeur des Arts et Lettres par M. Léotard, ministre de la Culture. J'ai également reçu, cette année-là, la médaille de vermeil de la Ville de Paris. Très impressionnée, j'ai monté un grand escalier au bras de M. Jacques Chirac. Je me prenais pour une mariée.

Je ne recherche pas les honneurs. J'avoue ne pas m'en sentir digne. Mais pourquoi, et surtout comment les refuser ? Le problème n'est pas simple. Et cependant, je dois reconnaître que si j'adore mon métier — j'adore jouer la comédie, j'adore répéter, j'adore travailler, j'adore l'atmosphère d'un théâtre —, je n'aime guère, en revanche, ce qui en constitue les à-côtés, c'est-à-dire les festivités, les manifestations qui s'y relient. Je déteste le bruit, le brouhaha, la foule. D'ailleurs, je sors peu. Je n'ai jamais mené une existence mondaine. Et pour mon plaisir personnel, un dîner ne doit pas réunir plus de huit convives, car au-delà il n'est plus de conversation possible.

J'apprécie quand même une grande fête de temps en temps, entourée par ma famille et de vrais amis. Et j'ai été ravie quand Simone Berriau m'a proposé de célébrer ensemble nos quatre-vingts printemps chez Maxim's. Entourées de nos filles et de nos proches, nous avons eu chacune notre gâteau avec nos bougies pour clore un bon festin.

Je suis ensuite partie en tournée avec *le Tube*. Période difficile pour moi puisque j'envisageais à l'époque la vente de ma maison. Sans doute troublée par mes préoccupations, je me suis même offert le luxe, en arrivant à Vannes pour passer Noël à Kermindoune, de sauter du train à pieds joints. La marche était haute, je craignais de ne pas avoir le temps de descendre. Attaquer la voltige à quatre-vingt-un ans n'est pas à conseiller. Docteur, masseuse, piqueuse, tout le monde s'est penché sur ma vieille carcasse. Comme nous avions dix jours de congé, je ne m'attendais pas à recevoir la visite de Jacques Janvier, mon patron. Il m'a surprise le cheveu pas coiffé et avec, j'imagine, l'œil triste d'un basset. Mais je me suis requinquée, et c'est en forme que je suis repartie pour Paris en voiture avec ma fille. Là nous avons rejoint la troupe, et le voyage s'est poursuivi en car sans autre incident.

Mais j'ai suffisamment évoqué cette période marquée pour moi par les soucis. Chacun a les siens. Au public je préfère transmettre ma gaieté. L'optimisme est certainement question de santé, mais aussi de discipline et de volonté.

Suzanne s'est occupée du déménagement lorsque, après avoir vendu Kermindoune, j'ai acheté ma maison de l'Ile-aux-Moines. Car j'étais retenue moi-même à Paris à cette date. Je jouais *Crime à la clé*. Puis j'ai tourné *les Dames de la Côte*. Et craignant, comme à chaque fin de contrat, de ne plus travailler, je suis encore partie en tournée.

La chance m'a souri de nouveau pour ne plus me lâcher. J'ai trouvé un studio à acheter — celui que j'occupe actuellement — dans l'immeuble de ma fille, et je n'ai jamais tant travaillé de ma vie que depuis cette époque, ne jouant plus, surtout, que des rôles qui m'intéressaient.

J'ai reçu, pendant cette tournée, le scénario d'un film écrit par Danielle Thomson et Claude Pinoteau. Je l'ai lu dans le car, d'un trait. Je m'amusais, je riais ! C'était celui de *la Boum*. J'ai tout lu, même les indications scéniques sur les pages de gauche. Formidable !

A la première étape, j'ai téléphoné à Claude Pinoteau, le réalisateur, pour lui dire :

« Je suis preneur !

— Très bien, Madame. Quand revenez-vous ? »

Nous avons pris rendez-vous. Dès mon retour à Paris, Danielle Thomson et Claude Pinoteau sont venus chez moi m'examiner sous toutes les coutures pour s'assurer que je correspondais au personnage. Nous avons tout de suite sympathisé. Danielle Thomson avait écrit le rôle de Poupette en pensant à sa grand-mère qu'elle adorait. Physiquement je lui ressemblais, m'a-t-elle dit.

La suite a été un enchantement, avec tous ces jeunes. L'ambiance était excellente, la petite Sophie Marceau adorable, charmante. Encore si jeune, elle prenait son travail très au sérieux. Il y a ainsi une scène, dans le film, où Jacques Chancel entre au restaurant de La Coupole, et s'adresse à moi en découvrant la grand-mère et la petite-fille assises à une table :

« Tiens te voilà, Poupette. Es-tu libre, jeudi ? »

Et je réponds :

« Non, jeudi, je me marie. »

Sophie a suggéré :

« Et si je vous embrassais, à ce moment-là ? »

Cette réaction m'a beaucoup plu car elle prouvait qu'elle ne s'intéressait pas qu'à elle-même, mais également au film.

Nous avons passé ensemble quelques jours délicieux à Cabourg où avaient lieu certaines prises de vues. Elle-même était accompagnée par sa grand-mère.

Elle avait grandi lorsque nous avons tourné *la Boum 2*, et je ne l'ai guère revue depuis, si ce n'est à l'écran. Mais elle est venue me saluer très gentiment dans ma loge quand j'ai joué *Harold et Maude*. Elle avait l'air ému et cela m'a touchée.

Le tournage de *la Boum* s'est déroulé très simplement, à cette nuance près que je souffrais terriblement d'une arthrose de la hanche. Je devais d'ailleurs être opérée en rentrant de tournée. Ne voulant pas rater *la Boum*, j'ai décalé mon rendez-vous avec le chirurgien. J'avais très mal, mais je n'ai rien dit, et personne ne s'en est douté.

Au début, je m'inquiétais malgré tout, sachant que le tournage de certaines scènes risquait de me poser des problèmes. Je devais monter en voiture, entrer dans des boutiques alors que je marchais avec difficulté.

Dans la pièce que je venais de jouer, j'avais calculé ma mise en scène de manière à pouvoir toujours prendre appui avec mes mains pour soulager ma jambe du poids du corps. Le public n'a jamais vu que je ne tenais pas debout toute seule. Je n'exagère pas puisqu'un soir que je précédais dans l'escalier de l'hôtel Pierre Bonnet, que j'aime beaucoup, l'administrateur de la tournée, celui-ci m'a demandé, intrigué :

« Tu entends ce craquement ?

— C'est ma hanche.

— Ta hanche ?

— Oui.

— Tu plaisantes !

— Approche-toi et écoute ! »

J'ai redescendu trois marches. Crac-crac-crac. Et je lui ai servi l'explication de mon médecin : ce bruit était produit par les os, démunis de cartilage, frottant l'un contre l'autre.

Il a dû se rendre à l'évidence.

Pour *la Boum*, le problème s'est résolu de lui-même. J'ai eu une chance terrible — si je peux dire. Sans le faire exprès, je suis tombée le premier jour sous les yeux de Claude Pinoteau. Par miracle, je ne me suis rien cassé. J'ai beaucoup souffert, et cette chute m'a valu un hématome superbe qui m'a permis de demander et d'obtenir quelques aménagements.

« Ecoutez, mon cher Claude, je ne sais pas comment monter dans cette voiture, serait-il possible... »

En fait, depuis des mois, j'étais littéralement incapable de m'asseoir normalement dans un véhicule.

Claude Pinoteau a immédiatement modifié la scène pour me faciliter l'accès.

Mon bleu est devenu vert, puis jaune. Il m'a tirée d'embarras à deux ou trois reprises. Et pour m'éviter la marche, située à l'entrée de la parfumerie, on m'a fabriqué un plancher.

De toute la durée du tournage, je n'ai pu dormir allongée. Je dormais assise, bien calée par des oreillers. Pour faire mon lit moi-même, je le tirais avec ma canne. Chez moi, d'ailleurs, je marchais avec cette canne. Mais je l'abandonnais dès l'arrivée du chauffeur qui venait me chercher. On ne m'a jamais vue l'utiliser.

Le tournage du dernier plan a été horrible. Il me fallait courir. Je ne pouvais me dérober. C'était cette scène au bord de la mer au cours de laquelle Vic part à moto avec son ami. La grand-mère la regarde s'en aller tout en songeant : « Je lui laisse sa liberté. Mais en somme, c'est une partie de poker. » Elle ne la retient pas, mais elle court.

Claude Pinoteau, n'ignorant pas que je souffrais, s'en est excusé :

« Denise, je suis très ennuyé, mais je suis obligé de vous demander de courir, au moins quelques secondes. »

J'ai cru m'évanouir de douleur, mais j'y suis arrivée. J'avoue sans honte que j'étais très contente de moi.

Le tournage s'est achevé le 14 septembre. Le 17, on m'opérait. Tout le monde m'a fleurie. J'ai été très gâtée. Quand le film est sorti, en décembre 1980, j'étais rétablie. Il a connu un énorme succès, moi aussi par la même occasion. Non qu'il m'ait apporté directement d'autres contrats cinématographiques. Les rôles de grand-mère ou d'arrière-grand-mère ne sont pas si courants. Pourtant, j'ai tourné en 1982 la suite de *la Boum*. Je rêvais pour la petite Vic d'un mariage éblouissant. Je ne dis pas qu'elle devait jouer *Sissi*. Mais j'aurais voulu un peu plus de grâce, de charme, voir peut-être cette enfant rencontrer l'amour au cours d'un grand bal. J'ai sans doute l'âme trop romantique.

Ces deux *Boum* m'ont assurément gagné un public, de jeunes en particulier, qui me connaissait peu, sinon pas du tout. On prétend que je représente la grand-mère idéale. Sans en être persuadée, je m'en réjouis. Je m'étonne un peu de plaire tant aux jeunes. Mais je suis ravie. Nous n'avons pas tout à fait le même langage. Je ne dis pas tout le temps « C'est vachement bien ! ». Et dans ma famille, j'entends souvent : « Mamé, t'es rétro ! » ou « T'es pas branchée, Mamé ! »

Je ne suis pas non plus certaine que j'aurais pris le risque, comme Poupette, de la partie de poker. Je suis convaincue qu'il faut faire confiance. Et cela demande parfois du courage. Il faut prendre sur soi et dominer ses appréhensions. Mais on doit également se montrer vigilant.

J'ai reçu énormément de courrier et de coups de téléphone me demandant si j'étais « vraiment une grand-mère comme celle de *la Boum* ».

Comment le saurais-je ? C'est à mes petites-filles et à mes arrière-petits-enfants, et non à moi, de répondre à une telle question.

La vie est trop courte

J'ai tourné *La Boum* l'esprit d'autant plus tranquille que j'avais déjà signé un contrat pour créer *La vie est trop courte* d'André Roussin au théâtre Daunou.

Au retour de ma dernière tournée, j'avais décidé un soir d'aller au théâtre des Bouffes du Nord voir *la Cerisaie* de Tchekhov, jouée par Michel Piccoli et mise en scène par Peter Brook.

Aller au théâtre, pour moi, est une fête. Je m'habille un peu, je vais chez le coiffeur. Ce soir-là j'avais mis un joli tailleur. Et une fois prête j'ai pensé que j'avais le temps, et que ce serait gentil de passer au théâtre Marigny pour saluer Pierre Sabbagh. Il offrait un cocktail pour célébrer les vingt ans de son émission « Au théâtre ce soir » à laquelle j'ai souvent participé.

Je n'ai pas regretté d'avoir eu cette idée. J'arrive, pimpante. Il y a un monde fou. Je bavarde avec des camarades. Surgit, soudain, André Roussin :

« Bonjour, Denise !

— André ! Vous allez bien ?

— Oui. Vous, vous paraissez en pleine forme.

— Je vous remercie.

— Alors, me demande-t-il, pourquoi ai-je lu dans les journaux que vous quittiez le théâtre ?

— Je l'ignore, car je n'en ai nullement l'intention. Je quitterai le théâtre quand je le déciderai. Mais pour l'instant il n'en est pas question.

— Dans ce cas, j'ai un rôle pour vous.

— Donnez-moi votre texte. Je le lirai avec plaisir... »

C'est ainsi qu'il m'a engagée pour *La vie est trop courte.*

On aurait tort parfois de négliger les cocktails. Quand on a une marchandise à vendre, il faut la balader, du moins la montrer pour qu'on puisse juger dans quel état elle est. Et si on n'a que soi-même comme capital, ce qui est mon cas, il faut se faire voir.

J'ai eu du mal à apprendre le texte. Roussin est un auteur difficile à mémoriser. Qu'un seul mot échappe, et on perd les pédales. Il en est ainsi de tous les textes bien écrits.

Le sujet, très actuel, mettait en scène une femme d'une quarantaine d'années qui, au sortir d'un terrible accident de voiture, remet soudain sa vie en question. Elle prend conscience qu'elle s'ennuie au côté d'un mari gentil mais « embêtant », pense-t-elle. C'est l'adjectif dont elle le qualifie.

Parce qu'elle a frôlé la mort, brusquement elle veut vivre, en tout cas vivre bien, s'amuser, voyager... Comme cela lui paraît impossible avec un tel mari, elle s'apprête à le quitter. Intervient la belle-mère, dispensant de bons conseils.

Le mari, à son tour, se rebiffe. Il décide de parti sillonner les déserts. D'ennuyeux il devient fascinant dès lors qu'il fait mine de s'éloigner. Et finalement tout s'arrange au mieux. Le couple part filer le parfait amour au Sahara.

En d'autres termes, la vie est trop courte pour être

gâchée. J'ai bien aimé la morale de cette histoire. Le public aussi sans doute, car la pièce a très bien marché.

J'avais pour partenaires Claire Maurier, l'épouse volage et sage, et Dominique Paturel, le mari bonasse et astucieux. J'interprétais naturellement la belle-mère.

Nous avons tenu l'affiche deux saisons au théâtre Daunou, et nous sommes partis deux fois en tournée, avec Karsenty d'abord, puis Baret.

En prime, je me suis offert un lapsus superbe lors de l'enregistrement de la pièce pour l'émission de Pierre Sabbagh. J'ai présenté André Roussin « de la Comédie-Française », et non « de l'Académie française ». Tout le monde a ri. Le passage a été conservé.

Avant de m'engager à participer à l'émission, j'avais demandé si l'on pouvait mettre un chauffeur à ma disposition. J'ai ainsi connu Michel. Ce garçon sympatique continue à venir me chercher et à me reconduire lorsque je prévois un déplacement.

En 1984, Michel est venu me chercher tous les soirs au théâtre des Variétés lorsque j'ai interprété *les Temps difficiles,* d'Edouard Bourdet. Quand il avait du retard, je l'attendais dans la pizzeria d'à côté. Les propriétaires avaient la gentillesse de me laisser m'installer sans consommer. Je devais avoir fière allure, exposée en vitrine, comme les filles de Hambourg, pour que Michel puisse me repérer plus facilement. J'étais à mon tour au spectacle, regardant défiler les spectateurs sur le trottoir. Ils me saluaient en passant à ma hauteur et je leur souriais en réponse.

Je garde des *Temps difficiles* le souvenir d'un directeur hors pair, Jean-Michel Rouzière, et de camarades adorables : Judith Magre, Christiane Minazzoli, Martine Sarcey, Jean-Pierre Cassel, Guy

Tréjean. Le samedi, en particulier, comme nous disposions d'une heure de battement, entre les deux séances, nous organisions de gais pique-niques dans le foyer des comédiens du théâtre des Variétés, sous l'œil bienveillant du directeur.

Enfin l'année suivante, j'ai eu le bonheur de reprendre un rôle dont je rêvais depuis longtemps, celui de Maude. A Nantes d'abord. Puis, en 1986, en tournée, au retour de celle de *Léocadia,* que j'ai déjà évoquée. Et en 1987 à Paris, au théâtre Antoine, où le succès a été immense, toutes générations confondues. J'ai reçu dans ma loge des jeunes de dix à quatre-vingts ans.

J'avais vu le film *Harold et Maude* et j'avais été emballée par le scénario de Colin Higgins, adapté pour le théâtre en France par Jean-Claude Carrière, qui raconte l'histoire d'une femme de quatre-vingts ans communiquant sa joie de vivre à un jeune homme de vingt ans fasciné par le suicide. Je me sentais très proche de ce personnage de femme, heureuse avec peu de chose, qu'un rien satisfait.

En un sens, je suis Maude. Evidemment, je ne vole pas les voitures, je ne déracine pas les arbres. Mais, comme elle, je ris des choses qui n'ont pas d'importance. On lui retire ses meubles ? Elle s'en moque royalement. Je ne m'inquiète pas des questions d'argent en ce sens que je crois qu'avec du courage on se débrouille toujours. Et je me contente de petits bonheurs. J'ai des joies sottes, mais des joies qui peuvent se répéter tous les jours : me lever et préparer moi-même mon café, ouvrir ma fenêtre et voir le soleil. A l'Ile-aux-Moines, je sors sur la terrasse, je regarde mes fleurs. J'ai ces plaisirs simples qui reviennent constamment, et j'ai surtout la santé de pouvoir en profiter.

Ma santé, celle des miens, voilà l'important. Comme tout le monde, j'ai eu de gros chagrins. Le temps heureusement est là, non pour les gommer, mais pour les atténuer. Je porte dans mon cœur les êtres qui m'étaient chers et qui ont disparu. Je continue à vivre avec eux, mais dans la joie.

Comme Maude, je suis fascinée par la vie. Et comme elle, lorsque je regarde un arbre, je suis obligée de me dire que « Dieu a beaucoup d'imagination ». Il a bien fallu qu'un génie, une intelligence supérieure mette en scène les montagnes, les torrents, la mer, ces marées qui ne se trompent jamais, ces comètes qui passent à la bonne heure... Sinon, comment expliquer l'existence d'un tel décor ?

Les notions d'Enfer et de Paradis m'intéressent moins. D'ailleurs, quel fourbi, quelle pagaille si on devait tous s'y retrouver après la Résurrection !

Maude dit que « nous commençons à vieillir dès notre naissance, puis nous arrivons à la fin ». Quel enthousiasme formidable, et comme elle a raison : on ne part pas, on arrive. En ce qui me concerne, je ne suis pas pressée. Je n'ai pas l'intention, comme elle, de m'empoisonner, et c'est ce qui nous distingue.

Mais j'aime sa fantaisie, même si pour ma part je ne mange pas de pistaches quand je visite une église.

Je suis entrée facilement dans ce rôle. Je me sentais à l'aise dans mon personnage bien avant de commencer à jouer la pièce. Et je l'ai amélioré au fil des représentations. L'aînée de mes petites-filles, Catherine, est venue voir la pièce. Elle m'a dit :

« Tu sais, Mamie, ta mort... je suis sûre que tu ne la joueras pas comme ça. Tu seras beaucoup plus simple ! »

Je l'ai écoutée. J'ai élagué. Contrairement au cinéma qui a tôt fait de figer un regard faux pour l'éternité, le théâtre permet de se perfectionner et de continuer à évoluer.

J'ai eu la chance d'avoir des partenaires de talent,

entre autres le jeune Jean-Christophe Lebert, éblouissant, et Corinne Marchand, adorable dans le rôle de la mère.

A Nantes, Jacques Couturier, directeur de la Maison de la Culture, et Jean-Luc Tardieu, directeur artistique, ont organisé une fête extraordinaire pour mes quatre-vingt-neuf ans. Ils ont amené le Tout-Paris, au soir de la première, en louant un train spécial à la SNCF, baptisé « Train Denise Grey ». Jean-Luc Tardieu m'avait dit : « Denise, je vous prépare un triomphe. » Il a drainé trois cents personnes qu'il a réussi à loger dans les hôtels de la région. Il a organisé un somptueux dîner dans le château de Goulaine, près de Nantes, au cours duquel j'ai eu aussi la joie d'avoir toute ma famille réunie autour de moi. Mobilisant la presse, ravie de rencontrer tant de personnalités — Jean-Claude Carrière, Micheline Presle, Line Renaud, Pierre Dux, Guy Béart, Mady Mesplé... comment tous les citer? — il a créé autour d'*Harold et Maude* un véritable événement.

Je croyais les festivités terminées, mais l'année suivante, au moment où je partais en tournée Herbert-Karsenty avec *Harold et Maude* la grande famille du spectacle me réservait la surprise, après une répétition, de souffler avec moi les bougies de mes quatre-vingt-dix ans.

Je ne tiens pas à devenir centenaire. Mais je ferai peut-être un effort, car j'avoue que ces petites fêtes sont sympathiques.

La tournée a très bien débuté. Nous avons donné notre première représentation à Versailles le 4 octobre 1986, avant de nous promener un peu dans toute la France. Et le 19 novembre, nous sommes partis pour la Belgique. Nous avons d'abord joué à Bruxelles, puis à Liège et à Charleroi. Et malheureusement, le 27, je me suis retrouvée à l'hôpital.

J'ignore encore comment je m'y suis prise, mais ce matin-là, à l'hôtel, j'ai dérapé sur le carrelage de ma salle de bains, et je suis tombée lourdement sur une hanche. Souffrant horriblement, j'ai réussi à me traîner jusqu'au téléphone pour demander du secours (j'aurais préféré, pour une fois, que ma chambre fût moins bien insonorisée). On m'a conduite aussitôt à l'hôpital. Les radios portaient à croire qu'il n'y avait pas de fracture. Mais dans le doute, on m'a embarquée dans une ambulance. Direction Paris, hôpital Cochin.

Par miracle, je ne m'étais rien cassé, mais j'avais très mal. Et les médecins ont tenu à me garder une quinzaine de jours. La tournée s'est arrêtée là. Je déteste mettre les gens dans l'embarras. Je craignais surtout que mes camarades ne soient pas payés. Il nous restait une vingtaine de représentations à donner. Après la Belgique, nous devions aller en Suisse, et finir à Chambéry le 19 décembre. Les comédiens ont été rémunérés comme s'ils avaient joué.

En sortant de l'hôpital, je suis partie me reposer à Kermindoune quelques jours. Et je suis revenue à Paris, au théâtre Antoine, au début janvier en pleine forme, ravie de constater que mes quatre-vingt-dix ans étaient suffisamment solides pour me permettre de me balader tous les soirs dans un décor où je risquais de tomber à chaque instant.

Le public l'ignore peut-être, mais pour les changements de scène, chaque comédien se chargeait de transporter un ou plusieurs éléments du décor. De ce point de vue, *Harold et Maude* a constitué un exploit, renouvelé chaque soir par les comédiens et les machinistes.

Pour ma part, en coulisse, j'avais tout un marathon à parcourir dans le noir, et je me cognais un peu partout. L'aînée de mes arrière-petites-filles,

Delphine, la marionnettiste qui dans la pièce actionnait le phoque, a veillé, pendant six mois, à ce que son arrière-grand-mère ne se casse pas maladroitement la figure.

En revanche, dans la scène où j'avais l'air de grimper allégrement dans un arbre, on avait naturellement installé une espèce de monte-charge pour me hisser. Il était malgré tout plus aisé d'entrer dans cet appareil que d'en ressortir, et j'ai mis un certain temps avant de repérer la tige d'acier qui, chaque fois, me mâchait le pied.

Le seul véritable incident a eu lieu au cours de la scène qui se passe dans un cimetière. Il y avait là une tombe qui, en principe, était retenue par une cale. Celle-ci, un soir, a lâché. Et la tombe a commencé à glisser, doucement mais sûrement. Le curé l'a arrêtée juste à temps, l'empêchant de tomber dans la fosse d'orchestre.

La brouette, en revanche, m'a bien servi, le soir de la dernière représentation, en juin 1987. Les applaudissements ont duré si longtemps que j'ai fini par m'y asseoir pour me détendre un peu les jambes.

J'aime la vie

J'ai fait mes adieux au théâtre. Mais je pourrais sans fatigue jouer *Harold et Maude* jusqu'à la fin de mes jours tant ma joie d'incarner ce personnage a été grande. De toute manière, je ne dis adieu ni à la télévision, ni au cinéma, ni aux tournées. J'adore l'autocar!...

Il y a quelque temps j'ai goûté à la publicité. Certes, je me sens un peu bizarre quand on me lance, en compliment : « Ce que vous êtes bien dans l'eau de Javel! » Mais le film était joli. Et je ne demande pas mieux que de recommencer.

J'ai d'ailleurs renouvelé l'expérience en posant avec mon arrière-petite-fille, Chloé, pour les twins-sets de la Redoute. Puis toute seule pour le journal *Notre Temps*. Le ménage, les lainages, le troisième âge... Je me demande ce qui m'attend à présent.

Je me demande également où je vais me planter pour terminer le voyage de ma vie. Vais-je m'installer définitivement dans l'Ile-aux-Moines? Je serais preneur à la condition de ne pas y être seule.

Les beaux jours arrivent. Je vais retrouver ma

Bretagne, jouir de mon jardin, de ma maison. J'aurai le temps de réfléchir.

Si un coup de téléphone m'appelle pour un rôle d'arrière-grand-mère, je saute dans le train. Si on m'oublie, eh bien, je me ferai une raison !

On m'a souvent demandé ce que je faisais pour être aussi vaillante à mon âge. La réponse est simple : j'aime la vie et je m'intéresse à tout ce qui m'entoure.

Pour me distraire, je noterai chaque jour comment j'occupe mon temps en attendant le moment de tirer ma dernière révérence, conformément à cette maxime de Marc Aurèle qui m'est chère :

Qu'est-ce à dire ?
Tu as embarqué,
Tu as navigué,
Tu as accosté,
Débarque.

Je me demande où je vais me "planter" pour terminer le voyage de ma vie !...

Vais-je m'installer définitivement à l'Ile aux Moines ? Je serais preneur à la condition de ne pas y être seule. Les beaux jours arrivent, je vais retrouver ma Bretagne, j'aurai le temps de réfléchir.

Si un coup de téléphone m'appelle pour jouer une arrière grand mère dans un film, je saute dans le train.

Si on m'oublie eh bien je me ferai une raison ; on m'a souvent demandé ce que je faisais pour être aussi vaillante à mon âge.

Eh bien j'aime la vie et pour me distraire je noterai chaque jour ce que je fais de mon temps en attendant le moment de tirer ma dernière révérence.

Denise Grey

Qu'est ce à dire
Tu as embarqué
Tu as navigué
Tu as accosté
Débarque

(emprunté à Marc Aurèle)

Je remercie Marie-Odile Duclous de son aide pour la mise en forme de mon ouvrage.

D. G.

TABLE DES MATIÈRES

Achevé d'imprimer en octobre 1988
sur presse CAMERON
dans les ateliers de la S.E.P.C.
à Saint-Amand-Montrond (Cher)
pour le compte de France Loisirs

N° d'Édition : 14403. N° d'Impression : 1853.
Dépôt légal : octobre 1988.

Imprimé en France